La brève histoire de ma vie

STEPHEN HAWKING

La brève histoire de ma vie

BIOGRAPHIE

Traduit de l'anglais
par Laurent Bury

Du même auteur
aux Éditions J'ai lu

UNE BRÈVE HISTOIRE DU TEMPS
N° 3361

Titre original :
MY BRIEF HISTORY

Éditeur original :
Bantam Books / Random House
Publishing Group

Pour William, George et Rose

CHAPITRE 1

Enfance

Mon père, Frank Hawking, était issu d'une famille de métayers du Yorkshire. Son grand-père – mon arrière-grand-père John – avait été un riche exploitant, mais ayant racheté trop de fermes il avait fait faillite lors de la crise agricole du début du XXe siècle. Robert, mon grand-père, avait tenté de l'aider avant de faire lui-même faillite. Par chance, l'épouse de Robert possédait une maison à Boroughbridge, dans laquelle elle dirigeait une école, ce qui leur assurait un petit revenu. C'est ainsi qu'ils réussirent à envoyer leur fils faire des études de médecine à Oxford.

Mon père remporta une série de bourses et de prix qui lui permirent d'envoyer de l'argent à ses parents. Il se lança ensuite dans la recherche en médecine tropicale, et se rendit en 1937 en Afrique équatoriale dans le cadre de ses travaux. Quand la guerre éclata, il traversa l'Afrique et descendit le fleuve Congo afin de prendre le bateau pour l'Angleterre, où il voulut s'engager dans l'armée : on lui fit néanmoins savoir qu'il serait plus utile dans la recherche médicale.

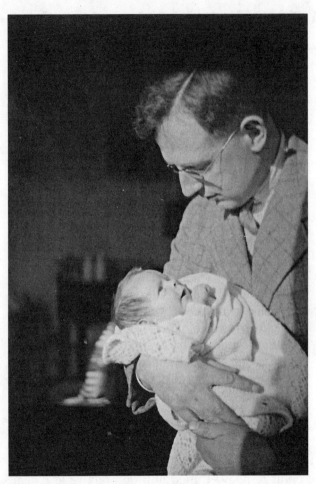

Mon père et moi

Avec ma mère

Quant à ma mère, elle était native de Dun-fermline en Écosse, et troisième des huit enfants d'un médecin. L'aînée, atteinte du syndrome de Down[1], vécut séparément, avec une infirmière, jusqu'à sa mort à l'âge de treize ans. La famille partit s'installer dans le Devon, dans le sud de l'Angleterre, quand ma mère avait douze ans. Tout comme celle de mon père, sa famille n'était pas riche. Cependant, ma mère put elle aussi aller étudier à Oxford. Après l'université, elle exerça divers emplois, dont celui d'inspectrice des impôts, qui ne lui plut guère. Elle préféra devenir secrétaire, et c'est ainsi qu'elle rencontra mon père au début de la guerre.

*
*   *

Je suis né le 8 janvier 1942, soit trois siècles jour pour jour après la mort de Galilée. Je n'étais pas le seul toutefois : j'estime que quelque deux cent mille autres bébés naquirent le même jour, mais j'ignore s'il y en eut qui s'intéressèrent par la suite à l'astronomie.

Je suis né à Oxford, alors que mes parents habitaient Londres. Cela parce que, durant la Seconde Guerre mondiale, les Allemands s'étaient engagés à ne pas bombarder Oxford et Cambridge, en échange de quoi les Britanniques ne bombarderaient pas Heidelberg et Göttingen. Dommage que ce genre d'accord civilisé n'ait pu être étendu à davantage de villes.

Moi, Philippa et Mary

Nous vivions à Highgate, dans le nord de Londres. Ma sœur Mary est née dix-huit mois après moi, et il paraît que je n'en fus pas ravi. De fait, pendant toute notre enfance, il y eut une certaine tension entre nous, alimentée par cette faible différence d'âge. Dans notre vie adulte, en revanche, cette tension disparut quand chacun s'engagea dans des directions différentes. Elle est devenue médecin, ce qui a fait plaisir à mon père.

Ma sœur Philippa est née alors que j'avais presque cinq ans et que je pouvais donc mieux comprendre ce qui se tramait. D'ailleurs, je me rappelle avoir attendu sa naissance pour que nous puissions jouer à trois. C'était une enfant aussi vive que perspicace, et j'ai toujours respecté son jugement et ses opinions. Mon frère Edward fut adopté bien plus tard, quand j'avais quatorze ans, et il ne fit donc pratiquement pas

Mes sœurs et moi à la plage

partie de mon enfance. Il était très différent de nous, sans rien d'intellectuel ou de scolaire – ce qui nous fit sans doute du bien. Il était assez difficile, mais on ne pouvait s'empêcher de l'aimer. Il est mort en 2004, d'une cause qui n'a jamais été vraiment élucidée ; l'explication la plus vraisemblable est qu'il fut asphyxié par la colle utilisée pour rénover son appartement.

*
* *

Mon plus ancien souvenir se situe dans la classe des tout-petits à l'école de Byron House, dans Highgate. Je pleurais toutes les larmes de mon corps. Tout autour de moi, les enfants s'amusaient avec des jouets qui me semblaient merveilleux, et j'aurais bien voulu me joindre à eux. Mais je n'avais que deux ans et demi, c'était la première fois qu'on me laissait avec des inconnus, et j'étais proprement terrorisé. Je pense que mes parents furent plutôt surpris par ma réaction, parce que j'étais leur premier-né et que, dans les manuels qu'ils avaient lus, on disait que les enfants devaient être prêts dès deux ans à avoir une vie sociale. Après cette matinée affreuse, ils me reprirent à la maison et laissèrent passer un an et demi avant de me renvoyer à Byron House.

À l'époque, pendant la guerre et juste après, Highgate était un quartier où vivaient beaucoup d'universitaires et de scientifiques (dans un autre pays, on les aurait appelés des intellectuels, mais les Anglais n'ont jamais admis qu'il existait parmi eux des intellectuels). Tous ces parents envoyaient leurs enfants à l'école de Byron House, qui était très progressiste pour son temps. Je me rappelle m'être plaint à mes parents de ne rien apprendre dans cette école. Le personnel enseignant n'adhérait pas aux méthodes d'enseignement plus intrusives alors en vigueur. En particulier, les enfants étaient censés apprendre à lire sans se rendre compte qu'on leur inculquait quoi que ce soit. Finalement, je n'ai appris à lire qu'à l'âge assez tardif de huit ans. Ma sœur Philippa fut formée selon des méthodes plus conventionnelles et elle sut lire dès quatre ans. Mais elle était incontestablement plus douée que moi.

Nous habitions une étroite et haute maison du XIXe siècle, que mes parents avaient achetée pour une bouchée de pain pendant la guerre, quand tout le monde pensait que Londres allait être anéanti sous les bombes. En fait, une bombe volante V2 tomba à quelques mètres de chez nous. J'étais alors absent, avec ma mère et ma sœur, mais mon père était à la maison. Il ne fut pas blessé, heureusement, et les dégâts furent limités. Mais pendant des années il y eut dans la rue un grand cratère, où je jouais avec mon ami Howard, qui habitait à trois numéros de chez nous. Howard fut pour moi une révélation, car ses parents n'étaient pas des intellectuels comme les parents de tous les autres enfants que je connaissais. Il allait à l'école publique, pas à Byron House, et il s'y connaissait en football et en boxe, des sports que l'on ne pouvait décemment suivre selon mes parents.

Notre maison à Highgate

*
* *

Un autre souvenir très ancien est celui de mon premier train électrique. Pendant la

Londres sous les bombardements

guerre on ne fabriquait plus de jouets, du
moins pas pour le marché national, mais j'avais
une véritable passion pour les petits trains.
Mon père tenta bien de me fabriquer un train
en bois, mais je n'en fus pas satisfait, car je
voulais quelque chose qui avançait tout seul. Il
se procura donc un train à remonter d'occasion, le répara avec un fer à souder et me
l'offrit pour Noël alors que j'avais près de trois
ans. Ce train ne fonctionnait pas très bien. Mais
peu après la guerre, mon père se rendit en
Amérique et à son retour, qui s'effectua à bord
du *Queen Mary*, il rapporta à ma mère des bas
de nylon, alors introuvables en Angleterre ; à
ma sœur Mary, une poupée qui fermait les yeux
quand on la couchait ; et à moi, un train américain, avec un chasse-bestiaux à l'avant de la
locomotive et des rails qui dessinaient un 8. Je

me rappelle encore mon excitation quand j'ouvris le carton.

Les trains à clef, qu'il fallait remonter, c'était bien joli, mais je voulais un vrai train électrique. Je passais des heures à regarder la maquette exposée en vitrine d'un club de modélisme à Crouch End, près de Highgate. Je rêvais de trains électriques. Finalement, un jour où mes parents étaient sortis tous les deux, je profitai de l'occasion pour retirer de mon compte épargne à la poste tout l'argent qu'on m'avait offert pour les grandes occasions, dont mon baptême. Je m'en servis pour acheter un train électrique mais, chose assez contrariante, il ne fonctionnait pas très bien non plus. J'aurais dû retourner au magasin et exiger que le marchand ou le fabricant le remplace ; cependant, à cette époque-là, c'était un privilège que de pouvoir acheter quelque chose, et si l'article était défectueux, ce n'était tout simplement pas de chance. Je payai donc pour faire réparer le moteur de la locomotive, mais même après, le train ne roula jamais vraiment bien.

Plus tard, à l'adolescence, je construisis des maquettes d'avions et de bateaux. Comme je n'ai jamais été très habile de mes mains, je faisais cela avec mon camarade de classe John McClenahan, bien plus adroit et dont le père avait un atelier à la maison. Depuis toujours, mon but était de construire des engins que je puisse contrôler. Peu m'importait à dire vrai à quoi ils ressemblaient. Il me semble que c'est la même pulsion qui me conduisit à inventer toute une série de jeux très compliqués avec un autre camarade, Roger

Avec mon train électrique

Ferneyhough. Il y avait un jeu industriel, avec des usines où l'on fabriquait des objets de différentes couleurs, des routes et des trains pour transporter la production, et un marché boursier. Je pense aussi à un jeu guerrier comportant un plateau de quatre mille cases, et même un jeu féodal, où chaque joueur représentait une dynastie entière, avec son arbre généalogique. Je crois que ces jeux, tout comme les trains, les bateaux et les avions, venaient d'un besoin de savoir comment les systèmes fonctionnaient et de quelle façon les contrôler. Du jour où j'entrepris ma thèse, ce besoin fut satisfait par mes recherches en cosmologie : si vous comprenez comment marche l'Univers, vous le maîtrisez, en un sens.

CHAPITRE 2

St. Albans

En 1950, le laboratoire où travaillait mon père dut quitter Hampstead, près de Highgate, pour s'installer dans l'Institut national de recherche médicale récemment construit à Mill Hill, à la limite nord de Londres. Plutôt que de faire chaque jour le trajet depuis Highgate, il lui parut plus logique d'emménager hors de Londres et de se rendre en ville pour son travail. Mes parents achetèrent donc une maison à St. Albans, à une quinzaine de kilomètres au nord de Mill Hill, soit trente kilomètres du centre de Londres. C'était une grande bâtisse victorienne, pleine de caractère et assez élégante. Mes parents n'étaient pas très riches quand ils l'achetèrent, et il fallut y faire beaucoup de travaux avant que nous puissions nous y établir. Après quoi, mon père, en bon natif du Yorkshire, refusa de payer toute autre réparation. Il fit de son mieux pour la maintenir en bon état, il repeignait régulièrement, mais c'était une grande maison et il n'était pas très doué pour le bricolage. Heureusement, la construction était solide et elle résista au manque d'entretien. Mes parents l'ont revendue en 1985, quand mon père était très malade, un an avant sa mort. Je l'ai vue récemment : on n'y a apparemment pas fait plus de travaux depuis.

La maison avait été conçue pour une famille employant des domestiques, et il y avait au sous-sol un panneau de clochettes correspondant à chacune des pièces. Bien sûr, nous n'avions pas de domestiques, mais ma première chambre fut un petit espace en L où une bonne avait dû dormir autrefois. Je l'avais demandée sur le conseil de ma cousine Sarah, qui était un peu plus âgée que moi et que j'admirais beaucoup. Elle disait que nous nous y amuserions bien. L'un des attraits de cette chambre était que l'on pouvait se glisser par la fenêtre sur le toit de l'abri à bicyclettes, puis sauter jusqu'à terre.

Sarah était la fille de la sœur aînée de ma mère, Janet, qui avait fait des études de médecine et était mariée à un psychanalyste. Ils habitaient une maison assez semblable à Harpenden, village situé à huit kilomètres plus au nord. C'était d'ailleurs l'une des raisons pour lesquelles nous étions partis pour St. Albans. Être près de Sarah constituait pour moi un changement bénéfique, et je prenais souvent le bus pour aller la voir à Harpenden.

St. Albans proprement dit se dresse près des vestiges de l'antique cité romaine de Verulamium, la principale colonie romaine des îles Britanniques après Londres. Au Moyen Âge s'y

Notre maison à St. Albans

trouvait le plus riche monastère d'Angleterre. Il avait été bâti autour du sanctuaire de saint Alban, centurion romain qui aurait été la première personne en Grande-Bretagne à être exécutée pour sa foi chrétienne. Néanmoins, tout ce qui restait de l'abbaye était une immense église assez laide et le vieux portail, à présent intégré à l'école St. Albans, où je fus ensuite élève. St. Albans était une ville plutôt morne et conservatrice, par rapport à Highgate ou Harpenden. Mes parents ne s'y firent guère d'amis. C'était en partie leur faute, car ils étaient assez solitaires par nature, surtout mon père. Mais cela reflétait aussi une différence de population ; pour sûr, parmi les parents de mes camarades de classe à St. Albans, aucun ne pouvait être qualifié d'intellectuel.

De fait, si à Highgate notre famille semblait plutôt normale, à St. Albans nous passions très clairement pour des excentriques. Cette impression était renforcée par le comportement de mon père, qui se moquait des apparences pourvu qu'il puisse économiser un peu d'argent. Sa famille était très pauvre quand il était jeune, et cela l'avait marqué de façon durable. Il ne supportait pas de dépenser pour son propre confort, alors même qu'il aurait pu désormais se le permettre. Ainsi, il refusa d'installer le chauffage central, alors même qu'il souffrait du froid, et préférait porter plusieurs pulls et une robe de chambre par-dessus ses vêtements normaux. Tout cela ne l'empêchait pas d'être simultanément très généreux avec les autres.

Dans les années 1950, estimant que nous n'avions pas les moyens d'acquérir une nouvelle voiture, il acheta un taxi londonien d'avant guerre, et je transformai avec lui un abri antiaérien en garage. L'indignation des voisins était à son comble, mais elle ne put nous arrêter. Comme la plupart des enfants, j'avais un peu honte de mes parents, mais cela ne les inquiéta jamais.

Pour les vacances, mes parents achetèrent une roulotte de gitans, qu'ils placèrent dans un champ à Osmington Mills, sur la côte sud de l'Angleterre, près de Weymouth. Cette roulotte avait été ornée d'un décor complexe, aux couleurs vives, par ses propriétaires originels. Mon père la fit repeindre tout en vert pour la rendre moins voyante. Elle contenait un grand lit pour les parents, avec en dessous un lit-armoire pour les enfants, que mon père transforma en lits superposés grâce à des civières des surplus

Notre roulotte de gitans

de l'armée. Ma mère et lui dormaient à l'extérieur, dans une tente militaire. Nous y passâmes nos vacances d'été jusqu'en 1958, date à laquelle le conseil régional finit par réussir à faire disparaître notre roulotte.

*
* *

En arrivant à St. Albans, je fus envoyé au lycée de jeunes filles, qui malgré son nom accueillait les garçons jusqu'à l'âge de dix ans. Quand j'y eus passé un semestre, cependant, mon père fit un de ses voyages quasi annuels en Afrique, où il séjourna cette fois un peu plus longtemps, environ quatre mois. Ma mère n'aimant pas rester seule tout ce temps, elle nous emmena, mes deux sœurs et moi, chez son amie d'enfance Beryl, qui avait épousé le poète Robert Graves. Ils habitaient un village du nom de Deya, sur l'île de Majorque. Cinq années seulement s'étaient écoulées depuis la guerre, et le dictateur espagnol Francisco Franco, qui avait été l'allié d'Hitler et de Mussolini, était toujours au pouvoir (et ce encore pour une bonne vingtaine d'années, en fait). Toujours est-il que ma mère, qui avait été membre de la Ligue des jeunes communistes avant la guerre, prit avec ses trois jeunes enfants le train et le bateau pour Majorque. Nous avions loué une maison à Deya où nous passâmes des jours merveilleux et où je pus bénéficier avec William Graves, le fils de Robert, de l'enseignement de son précepteur.

En bateau sur le lac d'Oulton Broad, dans le Suffolk

Ce précepteur était un protégé de Robert et l'enseignement l'intéressait moins que l'écriture d'une pièce de théâtre pour le Festival d'Édimbourg. C'est ainsi que pour nous occuper il nous faisait lire chaque jour un chapitre de la Bible, à charge pour nous d'y consacrer une rédaction. L'idée était de nous enseigner la beauté de la langue anglaise à travers la traduction effectuée sous le règne de Jacques Ier. Nous eûmes le temps de lire toute la Genèse et une partie de l'Exode avant que je reparte. Cet exercice m'apprit surtout à ne jamais commencer une phrase par « Et ». Le jour où je fis remarquer que la plupart des phrases de la Bible commençaient par « Et », on me répondit que l'anglais avait changé depuis l'époque du roi Jacques. Dans ce cas, ripostai-je, pourquoi nous faire lire la Bible ?

Mais ce fut en vain. À l'époque, Robert Graves était fasciné par le symbolisme et le mysticisme de la Bible. Il n'y avait donc personne pour m'écouter.

Lorsque nous rentrâmes, le Festival de Grande-Bretagne démarrait. Le gouvernement travailliste aurait voulu recréer le succès de la Grande Exposition de 1851, organisée par le prince Albert, qui avait été la première des Expositions universelles au sens moderne. C'était un soulagement bienvenu après l'austérité de la guerre et des années qui avaient suivi en Angleterre. L'exposition, qui avait lieu sur la rive sud de la Tamise, m'ouvrit les yeux sur de nouvelles formes d'architecture, et des

Notre maison temporaire : Deya, Majorque

William, le fils de Robert Graves, et moi (à gauche)

sciences et des technologies inédites. Elle ne fit pourtant pas long feu : elle fut fermée dès l'automne, quand les conservateurs remportèrent les élections.

À dix ans, je passai l'examen appelé « onze-plus ». Il s'agissait d'un test d'intelligence, censé

faire le tri entre les enfants destinés à une éducation « académique » et la majorité qu'on
envoyait dans des écoles secondaires « non académiques ». Il se trouve que le système onze-
plus permettait à quantité d'enfants de la classe
ouvrière et de la classe moyenne d'aller à l'université et d'occuper des fonctions élevées, mais
le principe d'une sélection définitive à l'âge de
onze ans suscitait une certaine indignation,
surtout de la part de parents de la classe
moyenne dont les enfants se retrouvaient dans
les mêmes établissements que les fils et filles
d'ouvriers. Le système fut abandonné dans les
années 1970 en faveur du collège pour tous.

Dans les années 1950, l'éducation en Angleterre était très hiérarchisée. Non seulement les
écoles étaient divisées en académiques et non
académiques, mais les écoles académiques
étaient elles-mêmes subdivisées en classes A, B
et C. Cela fonctionnait bien pour les élèves de
classe A, mais nettement moins bien pour ceux
de la classe B, et mal pour ceux de la classe
C, qui étaient découragés. À St. Albans, je fus
mis dans la classe A, du fait de mes résultats
à l'examen « onze-plus ». Mais au bout de la
première année, tous ceux qui n'étaient pas
parmi les vingt premiers étaient relégués à la
classe B. C'était pour leur amour-propre un
coup terrible, dont certains ne se remettaient
jamais. Durant mes deux premiers trimestres à
St. Albans, je fus respectivement 24e et 33e,
mais je remontai au 18e rang durant mon
troisième trimestre. Voilà comment je pus

échapper de justesse à une rétrogradation en fin d'année.

*
* *

Lorsque j'eus treize ans, mon père voulut que je présente ma candidature à la Westminster School, l'une des principales écoles privées anglaises. À l'époque, comme je l'ai dit, l'éducation était nettement cloisonnée selon les classes sociales, et mon père sentait que le vernis conféré par un tel établissement serait pour moi un atout dans la vie. Il pensait que son manque d'assurance et de relations lui avait valu de se faire supplanter par des gens moins capables. Il nourrissait une sorte de rancœur, parce que d'autres gens moins doués, mais venant d'un bon milieu et doté de relations adéquates, avaient mieux réussi que lui. De fait, il me mettait souvent en garde contre ces gens-là.

Comme mes parents n'étaient pas riches, il m'aurait fallu obtenir une bourse pour aller à Westminster. Hélas, je tombai malade à l'époque de l'examen d'attribution des bourses et je laissai passer l'occasion. Je restai donc à St. Albans, où je reçus une éducation aussi bonne, sinon meilleure que celle qu'on m'aurait dispensée à Westminster. Je ne me suis jamais senti défavorisé par mon manque de vernis social. Mais je pense que la physique est une discipline un peu différente de la médecine. En physique, peu importe où vous avez étudié et à qui vous êtes apparenté. Ce qui compte, c'est ce que vous faites.

J'avais toujours été un élève moyen, dans une classe très brillante certes. J'étais assez souillon, et mon écriture faisait le désespoir de mes maîtres. Mais mes camarades m'avaient surnommé Einstein, sans doute parce qu'ils avaient discerné en moi certaines promesses. Quand j'avais douze ans, un de mes amis paria avec un autre un sac de bonbons que je ne donnerais jamais rien de bon. Je ne sais pas si l'un ou l'autre gagna un jour les bonbons, ni lequel des deux avait raison.

J'avais six ou sept amis proches, avec lesquels je suis encore en contact, pour la plupart. Nous avions de longues conversations et de longues discussions sur à peu près tout, depuis les maquettes télécommandées jusqu'à la religion, en passant par la parapsychologie et la physique. L'une des choses dont nous parlions était l'origine de l'Univers, et s'il avait fallu un dieu pour le créer et le mettre en marche. J'avais entendu dire que la lumière des galaxies lointaines subissait un décalage vers l'extrémité rouge du spectre et que cela était censé indiquer que l'Univers était en expansion (si ce décalage avait été orientée vers le bleu, cela aurait signifié qu'il se contractait). Mais j'étais sûr que le décalage vers le rouge devait avoir une autre raison : un Univers fondamentalement immuable et éternel semblait tellement plus naturel. Se pouvait-il que la lumière se fatigue en quelque sorte et devienne plus rouge en arrivant jusqu'à nous ? Il me fallut deux

Moi (à droite) vers la fin de l'adolescence

années de thèse pour comprendre l'erreur que contenaient de telles spéculations.

*
* *

Mon père menait des recherches sur les maladies tropicales, et c'est ainsi qu'il me conduisait parfois dans son laboratoire de Mill Hill. J'aimais ces visites, surtout quand je pouvais regarder dans les microscopes. Il m'emmenait aussi voir les cages des insectes, où il avait enfermé des moustiques porteurs de maladies tropicales. Cela m'inquiétait, car j'avais toujours l'impression que quelques bestioles s'étaient échappées. Mon père travaillait très dur et se vouait entièrement à ses recherches.

En y réfléchissant, je me suis toujours intéressé au fonctionnement des choses, que je démontais pour voir comment elles étaient faites – mais je n'étais pas aussi doué pour les réparer ensuite. Mes compétences pratiques ne furent jamais à la hauteur de mes interrogations théoriques. Mon père encouragea mon intérêt pour la science, allant même jusqu'à me donner des leçons de mathématiques jusqu'à ce que mes besoins dépassent ses propres connaissances. Bénéficiant de ce contexte, et vu le travail de mon père, il me semblait naturel de m'engager dans la recherche scientifique.

C'est durant mes deux dernières années d'études secondaires que j'eus envie de me spécialiser en mathématiques et en physique. Il y avait au lycée un prof de maths très stimulant, M. Tahta, et une nouvelle salle de sciences venait d'être construite, réservée aux matheux. Mais mon père y était tout à fait opposé, parce qu'il pensait que l'enseignement était le seul débouché pour les études de mathématiques. Il aurait préféré que je fasse médecine, mais je ne manifestais aucun intérêt pour la biologie, qui me semblait trop descriptive et pas assez fondamentale. Elle était aussi assez mal considérée au lycée. Les élèves les plus brillants optaient pour maths et physique ; les moins doués faisaient de la biologie.

Mon père durant l'un de ses voyages d'étude
sur la médecine tropicale

Mon père savait que je n'opterais pas pour
la biologie, mais il me fit faire de la chimie et
seulement un peu de mathématiques. Il pensait
que cela me laisserait un choix plus large entre
différentes sciences. Je suis à présent professeur de mathématiques, mais je n'ai plus jamais
étudié les maths après avoir quitté le lycée de
St. Albans à dix-sept ans. Tout ce que je sais,
je l'ai appris ici et là, au fil des années. À Cambridge, quand je faisais cours à des étudiants,
je m'efforçais d'avoir une semaine d'avance sur
eux.

À l'école, la physique était toujours la matière
la plus ennuyeuse, du fait de sa facilité et de
son évidence. La chimie était bien plus drôle,
parce qu'il s'y passait toujours des choses inat-
tendues, telles que des explosions. Toutefois, la

Moi (à l'extrême gauche) au lycée de St. Albans

physique et l'astronomie offraient l'espoir de comprendre d'où nous venons et pourquoi nous sommes là. Je voulais pénétrer les profondeurs de l'Univers. J'y suis sans doute un peu parvenu, mais il reste encore bien des choses que je voudrais savoir.

CHAPITRE 3

Oxford

Mon père avait très envie que j'aille à Oxford ou à Cambridge. Ayant lui-même étudié à Oxford, à l'University College, il pensait que je devrais m'y présenter, car j'aurais plus de chances d'y être accepté. À l'époque, University College n'avait aucun professeur de mathématiques, autre raison pour laquelle mon père voulait que je fasse de la chimie : je pourrais tenter une bourse en sciences naturelles plutôt qu'en mathématiques.

Pendant que le reste de la famille partait en Inde pour un an, je dus rester en Angleterre pour mes *A-levels*[2] et l'examen d'entrée à l'université. Je séjournai chez le Dr John Humphrey, un collègue de mon père à l'Institut national de recherche médicale, qui habitait Mill Hill. Sa maison avait une cave remplie de machines à vapeur et autres maquettes construites par le père de John Humphrey, si bien que j'y passais une bonne partie de mon temps. Pour les vacances d'été, je rejoignis ma famille en Inde : un ex-ministre de l'État d'Uttar Pradesh, écarté pour corruption, nous louait une maison à Lucknow. Mon père ayant refusé de manger la nourriture indienne, il engagea un ancien cuisinier et porteur de l'armée britannique pour lui préparer des repas anglais. J'avoue que j'aurais préféré quelque chose de plus dépaysant.

Au Cachemire, nous louâmes un bateau-maison sur le lac de Srinagar. C'était la mousson, et la route construite dans les montagnes par l'armée indienne avait par endroits été emportée par les eaux (la route normale traversait la ligne du cessez-le-feu vers le Pakistan). Comme notre voiture, venue d'Angleterre avec nous, ne pouvait rouler dans plus de dix centimètres d'eau, je me souviens qu'il fallut nous faire remorquer par un camionneur sikh.

*
* *

Bien que le directeur de mon lycée me trouvât beaucoup trop jeune pour tenter Oxford, je partis passer l'examen des bourses en mars 1959, avec deux garçons qui avaient un an de plus que moi. J'étais sûr d'avoir tout raté et j'étais très déprimé quand, durant l'examen pratique, les professeurs de l'université vinrent parler aux autres élèves mais pas à moi. Puis, quelques jours après, je reçus un télégramme disant que j'avais obtenu une bourse.

J'avais dix-sept ans, et la plupart des autres étudiants de mon année avaient fait leur service militaire et étaient franchement plus âgés. Je

Passé entraîneur de l'équipe d'aviron

fus assez isolé pendant ma première année et
une partie de la deuxième. En troisième année,
pour me faire plus d'amis, je m'engageai
comme entraîneur de l'équipe d'aviron. Ma carrière d'entraîneur fut cependant assez désas-
treuse. Comme la rivière est trop étroite pour
que deux bateaux puissent y disputer une
course côte à côte, on organise des courses où
les équipes se suivent, chaque entraîneur
devant tenir la ligne de départ pour que son
bateau reste à la bonne distance de celui qui
le précède.

Durant ma première course, je lâchai la ligne
quand on tira un coup de feu pour donner le
signal, et elle s'emmêla dans les lignes du gou-
vernail. Le résultat ne tarda pas : notre bateau
dévia et nous fûmes disqualifiés. Ensuite, nous
subîmes un choc frontal avec un concurrent,
mais je pus au moins proclamer que ce n'était

L'équipe d'aviron au repos

pas ma faute, car nous avions la priorité. Malgré mon insuccès comme entraîneur, je me fis bel et bien davantage d'amis cette année-là, qui fut plus heureuse.

L'attitude dominante à Oxford à cette époque-là était très hostile au travail. On était censé soit exceller sans le moindre effort, soit accepter ses limites et se contenter de résultats médiocres. Travailler dur pour avoir de meilleures notes était la caractéristique d'un « homme gris », le pire des qualificatifs dans le vocabulaire oxfordien.

En ce temps-là, les *colleges* se considéraient comme responsables de la moralité de leurs étudiants. Aucun n'était mixte et les portes étaient verrouillées à minuit, heure à laquelle tous les visiteurs – et surtout les visiteuses –

devaient avoir déserté les lieux. Après quoi, si vous vouliez vous évader, vous deviez escalader un haut mur hérissé de piques. Ne voulant pas que ses étudiants soient blessés, mon *college* avait laissé un écart entre les piques, si bien qu'il était très facile de sortir. Il en allait tout autrement si vous étiez surpris au lit avec un membre du sexe opposé, auquel cas vous étiez expulsé sur-le-champ. L'abaissement de la majorité à dix-huit ans et la révolution sexuelle des années 1960 bouleversèrent tout cela, mais c'était après mon passage à Oxford.

*
* *

À l'époque, le programme en physique était conçu de telle sorte qu'il était particulièrement facile d'éviter de travailler. Je dus subir un examen avant mon admission, après quoi je passai trois ans à Oxford avec juste l'examen final à l'issue du cursus. J'ai calculé un jour que, pendant ces trois années, j'avais dû accomplir un millier d'heures de travail, soit une heure par jour. Je ne suis pas fier de cette oisiveté, mais en ce temps-là, je partageais l'attitude de la plupart de mes condisciples. Nous affections un air de totale lassitude et le sentiment que rien ne valait quelque effort. Un des effets de ma maladie fut de changer tout cela. Quand vous êtes confronté à la possibilité de mourir jeune, vous comprenez que la vie mérite d'être vécue et qu'il y a bien des choses à faire.

L'équipe d'aviron s'amuse

À cause de mon manque de préparation, j'avais prévu de me tirer de l'examen final en résolvant des problèmes de physique théorique et en évitant les questions exigeant des connaissances concrètes. Angoissé, j'avais néanmoins passé une nuit blanche la veille de l'examen, si bien que je ne fis pas grand-chose de bon. J'étais à la limite entre la mention Bien et la mention Très Bien, et les examinateurs durent m'interroger pour déterminer laquelle m'attribuer. Durant l'entretien, ils me questionnèrent sur mes projets d'avenir. Je répondis que je voulais me consacrer à la recherche. S'ils m'accordaient la mention Très Bien, j'irais à Cambridge. En cas de mention Bien, je resterais à Oxford. Ils m'accordèrent la mention Très Bien.

Comme solution de repli, au cas où je n'aurais pas pu faire de recherche, j'avais déposé un dossier de candidature pour la fonction publique. À cause de mes opinions sur l'arme nucléaire, je ne voulais pas travailler pour la défense. Je souhaitais donc être embauché par le ministère des Travaux publics, ou être greffier à la Chambre des communes. Lors des entretiens, il devint clair que je ne savais pas vraiment en quoi consistait la tâche d'un greffier à la Chambre des communes, mais malgré tout je réussis ces entretiens, et il ne me resta plus qu'un écrit à passer. Malheureusement, cela me sortit entièrement de l'esprit et j'oubliai de m'y présenter. Le comité de sélection m'adressa une lettre charmante, disant que je pourrais à nouveau tenter ma chance l'année suivante et qu'on ne m'en voudrait pas. C'est une chance que je ne sois pas devenu fonctionnaire. Je ne m'en serais pas sorti, avec mon handicap.

*
* *

Pendant les grandes vacances qui suivirent mon examen final, le *college* proposait plusieurs petites bourses de voyage. Je pensais que j'aurais plus de chances d'en obtenir une si je souhaitais aller très loin. Aussi fis-je savoir que je voulais partir pour l'Iran. Je partis avec un autre étudiant, John Elder, qui y était déjà allé et qui connaissait la langue, le farsi. Nous prîmes le train jusqu'à Istanbul, puis de là jusqu'à Erzurum, dans l'est de la Turquie, près du mont Ararat. Après cela, comme le train entrait en territoire soviétique, il nous fallut monter à bord d'un bus arabe, avec poulets et moutons, jusqu'à Tabriz puis Téhéran.

À Téhéran, John partit de son côté et moi du mien avec un autre étudiant vers le sud : Ispahan, Chiraz et Persépolis, la capitale des anciens rois perses pillée jadis par Alexandre le Grand. Je traversai ensuite le grand désert central jusqu'à Machhad.

Sur la route du retour, avec mon compagnon de voyage Richard Chiin, nous fûmes pris dans le tremblement de terre de Qazvin, un séisme d'une magnitude de 7,1 qui fit plus de douze mille morts. Je ne devais pas être bien loin de l'épicentre, mais je n'en étais pas conscient car

Remise de diplôme à Oxford (*ci-dessus* et *à droite*)

j'étais malade et me trouvais dans un bus qui brinquebalait sur les routes iraniennes. Comme nous ne parlions pas la langue locale, nous ne fûmes informés du désastre qu'à l'issue de plusieurs jours passés à Tabriz, où je me remettais d'une grave dysenterie et d'une côte cassée après avoir été projeté contre le siège avant

du bus. C'est seulement à Istanbul que nous apprîmes ce qui s'était passé.

J'envoyai alors une carte postale à mes parents morts de peur, qui attendaient de mes nouvelles depuis dix jours. La dernière fois que je leur avais écrit, je quittais Téhéran pour gagner la région du désastre, et c'était précisément le jour du séisme.

CHAPITRE 4

Cambridge

J'arrivai à Cambridge comme doctorant en octobre 1962. J'avais demandé à travailler sous la houlette de Fred Hoyle, le plus célèbre astronome britannique de son temps, et le principal avocat de la théorie de l'état stationnaire. Je dis « astronome » parce que la cosmologie n'était alors pas encore reconnue comme un champ de recherche légitime. C'est à ce domaine que je voulais consacrer mes travaux, après avoir suivi un cours d'été avec un disciple de Hoyle, Jayant Narlikar. Pourtant, Hoyle avait déjà fait le plein de thésards, et à ma grande déception je fus confié à Dennis Sciama, dont je n'avais jamais entendu parler.

Ce fut sans doute une très bonne chose. Hoyle était souvent en déplacement et n'aurait pas pu m'accorder une grande attention. Sciama, en revanche, était généralement présent et disponible. Je n'étais pas d'accord avec un certain nombre de ses idées, surtout sur le principe de Mach – l'idée que les objets doivent leur inertie à l'influence de toute la matière de l'Univers –, mais cela me poussa à élaborer ma propre vision.

Au début de ma carrière de chercheur, les deux domaines qui semblaient les plus excitants étaient la cosmologie et la physique des particules élémentaires. Cette dernière était un champ actif, en pleine transformation, qui attirait la plupart des meilleurs esprits, alors que la cosmologie et la relativité générale étaient restées là où elles en étaient dans les années 1930. Richard Feynman, lauréat du prix Nobel et l'un des plus grands physiciens du XXe siècle, a livré un récit amusant d'un congrès sur la relativité générale et la gravitation auquel il assista à Varsovie en 1962. Dans une lettre à sa femme, il écrit : « Je ne tire rien de ce congrès. Je n'y apprends rien. Comme il n'y a pas d'expériences, ce domaine n'est pas actif, et les meilleurs physiciens s'en détournent. Résultat, il y a ici une masse d'imbéciles (126) et ce n'est pas bon pour ma pression sanguine... Rappelle-moi de ne plus jamais aller à aucun colloque sur la gravité ! »

*
* *

Bien sûr, j'ignorais tout cela quand je me lançai dans ma recherche. Mais je sentais que l'étude des particules élémentaires ressemblait alors trop à la botanique. La théorie de l'électrodynamique quantique – la théorie de la lumière et des électrons qui gouverne la chimie et la structure des atomes – avait été entièrement établie dans les années 1940 et 1950. L'intérêt était tourné vers les attractions nucléaires fortes et faibles entre les particules qui composent le noyau atomique, mais aucune théorie des champs du même genre ne semblait pouvoir en rendre compte. L'école de Cambridge, en particulier, soutenait qu'il n'existait aucune théorie des champs sous-jacente : tout était déterminé par l'unitarité – c'est-à-dire la conservation de la probabilité – et par certaines configurations caractéristiques dans la diffusion des particules. Rétrospectivement, on se demande comment on a pu un jour croire à cette approche, mais je me rappelle le mépris que suscitèrent les premières tentatives en vue d'une théorie unifiée des champs pour expliquer les attractions nucléaires faibles, laquelle finit pourtant par s'imposer. Les travaux sur la matrice S analytique sont aujourd'hui oubliés, et je suis ravi de ne pas avoir commencé ma vie de chercheur avec les particules élémentaires. Rien de ce que j'aurais pu faire alors n'aurait survécu.

Quant à la cosmologie et la gravitation, il s'agissait de domaines négligés, dès lors mûrs pour s'épanouir. Contrairement aux particules élémentaires, elles bénéficiaient d'une théorie établie – la théorie générale de la relativité – mais qu'on jugeait d'une difficulté handicapante. Les gens étaient tellement heureux de trouver une solution aux équations de champ d'Einstein décrivant la théorie qu'ils ne se posaient pas la question de la signification physique qu'une telle solution pouvait éventuellement avoir. C'était la vieille école de la relativité générale que Feynman avait côtoyée à Varsovie. Ironie du sort, le congrès de Varsovie marqua aussi le début de la renaissance de la relativité générale, même si l'on peut pardonner à Feynman de ne pas s'en être alors rendu compte.

Une nouvelle génération arriva de fait, et l'on vit apparaître d'autres pôles d'étude de la relativité générale. Deux d'entre eux furent particulièrement importants pour moi. L'un, situé à Hambourg, était dirigé par Pascual Jordan. Je n'y suis jamais allé, mais j'admirais les articles élégants qu'on y produisait, si différents des travaux brouillons qu'avait jusque-là inspirés la relativité générale. L'autre pôle était dirigé par Hermann Bondi, au King's College de Londres.

Parce que je n'avais pas fait beaucoup de mathématiques à St. Albans ni dans le cours de physique très facile à Oxford, Sciama me conseilla l'astrophysique. Mais, échaudé par mon échec avec Hoyle, je craignais en outre d'avoir à me consacrer à quelque chose d'aussi ennuyeux et terrestre que l'effet Faraday[3]. J'étais venu à Cambridge faire de la cosmologie, et c'était bien de la cosmologie que je ferais. Je me plongeai donc dans de vieux manuels sur la relativité générale et, avec trois autres étudiants de Sciama, j'allai chaque semaine à Londres assister à des conférences données au King's College. Toutefois, si je suivais les mots et les équations, je ne comprenais pas vraiment le sujet.

*

* *

C'est alors que Sciama me fit découvrir ce qu'on appelle l'électrodynamique de Wheeler-Feynman. Cette théorie indiquait que l'électricité et le magnétisme sont symétriques par renversement du temps. Pourtant, quand on allumait une lampe, c'était l'influence de toute la matière dans l'Univers qui poussait les ondes lumineuses à s'éloigner de la lampe, plutôt qu'à venir de l'infini pour converger vers la lampe. Pour que l'électrodynamique de Wheeler-Feynman fonctionne, il était nécessaire que toute la lumière partant de la lampe soit absorbée par le reste de la matière de l'Univers. Cela se produirait dans un Univers à l'état stationnaire, où la densité de la matière resterait constante, mais pas dans l'Univers du Big Bang, où la densité décroissait à mesure que l'Univers s'étendait. Certains prétendaient que c'était une preuve supplémentaire, si nécessaire, que nous vivions dans un Univers à l'état stationnaire.

Tout cela était censé expliquer la flèche du temps, la raison pour laquelle le désordre va croissant et nous nous rappelons le passé mais non l'avenir. Il y eut en 1963, à l'université Cornell, un colloque sur l'électrodynamique de Wheeler-Feynman et sur la flèche du temps. Feynman était tellement écœuré par les absurdités qu'on racontait à ce propos qu'il refusa d'associer son nom aux actes du colloque. Il y était désigné comme « Mr. X », mais tout le monde savait de qui il s'agissait.

Je m'aperçus que Hoyle et Narlikar avaient déjà travaillé sur l'électrodynamique de Wheeler-Feynman dans les univers en expansion, puis qu'ils avaient formulé une nouvelle théorie de la gravité symétrique par renversement du temps. Hoyle la dévoila lors d'une réunion de la Royal Society en 1964. J'y étais présent et, au moment des questions, j'ai dit que l'influence de toute la matière dans un univers à l'état stationnaire rendrait ses masses infinies. Hoyle me demanda pourquoi je disais cela, et je répondis que je l'avais calculé. Tout le monde crut que je l'avais fait mentalement pendant la conférence, alors qu'en réalité je partageais un bureau avec Narlikar, où j'avais vu quelque temps auparavant un brouillon de cette communication, ce qui m'avait permis d'effectuer les calculs avant la réunion.

Hoyle était furieux. Il tentait alors de créer son propre institut, et menaçait de se joindre à la fuite des cerveaux vers l'Amérique s'il n'obtenait pas le financement nécessaire. Il crut qu'on m'avait placé là pour saboter son projet. Il eut pourtant son institut, et m'y embaucha plus tard – apparemment, il ne m'en voulut pas trop.

*

* *

Durant ma dernière année à Oxford, j'avais remarqué que je devenais de plus en plus maladroit. Après une chute dans l'escalier, j'avais consulté un médecin, mais il m'avait simplement dit : « Arrêtez la bière. »

Une fois installé à Cambridge, cela s'aggrava. À Noël, en allant patiner sur le lac de St. Albans, je tombai et ne pus me relever. Ma mère remarqua mes difficultés et m'emmena chez le médecin de famille. Il m'adressa à un spécialiste, et peu après mon vingt et unième anniversaire je dus aller passer des examens à l'hôpital. J'y restai deux semaines, pendant lesquelles je subis toutes sortes de tests. On préleva un échantillon musculaire dans mon bras, on me planta des électrodes dans le corps, puis on m'injecta un liquide radio-opaque dans la colonne vertébrale pour l'observer aux rayons X monter et descendre à mesure qu'on inclinait mon lit. Après tout ça, on ne me dit pas ce que j'avais, sauf que ce n'était pas une sclérose en plaques et que j'étais un cas atypique. Je compris néanmoins que cela allait continuer à s'aggraver et qu'il n'y avait rien à faire, sauf me prescrire des vitamines, dont on n'espérait pas grand effet. Je ne demandai pas plus de détails alors, puisqu'on n'avait évidemment rien de bon à m'annoncer.

L'idée que j'étais atteint d'une maladie incurable qui risquait de me tuer dans quelques années fut un choc. Comment une chose pareille avait-elle pu m'arriver ? Pourtant, à l'hôpital, j'avais vu un garçon que je connaissais vaguement mourir de leucémie dans le lit voisin du mien, et cela n'avait pas été très joli à voir. De toute évidence, certaines personnes allaient plus mal que moi ; au moins je ne me sentais pas malade. Chaque fois que j'ai tendance à m'apitoyer sur mon sort, je me souviens de ce garçon.

*
*　*

Sans savoir ce qui allait m'arriver, ni à quelle vitesse la maladie risquait de progresser, j'étais désemparé. Les médecins me dirent de retourner à Cambridge et de poursuivre les recherches que je venais de commencer sur la relativité générale et la cosmologie. Mais je ne progressais pas, faute d'avoir les bases mathématiques suffisantes ; de toute façon, j'avais du mal à me concentrer alors que je ne vivrais peut-être pas assez longtemps pour finir ma thèse. J'avais l'impression d'être un personnage de tragédie.

Je me mis à écouter du Wagner, mais les magazines qui prétendent que je fus porté sur la boisson à l'époque forcent de beaucoup le trait. Un article le mentionna, d'autres le reprirent parce que c'était vendeur, si bien que pour finir, tout le monde fut persuadé que ce qui avait été imprimé si souvent devait être vrai.

Ce qui est vrai, c'est qu'à l'époque mon sommeil était passablement perturbé. Avant qu'un diagnostic ait été prononcé sur mon état, la vie me paraissait d'un ennui profond, et rien ne semblait valoir la peine. Mais peu après ma sortie de l'hôpital, j'ai rêvé que j'allais être exécuté. Soudain, j'ai compris qu'il y avait bien des choses intéressantes à faire avant de mourir. Un autre rêve se manifestait de façon récurrente : je sacrifiais ma vie pour sauver les autres. Après tout, puisque ma vie allait prendre fin à un moment ou un autre, autant la consacrer à faire le bien.

*
*   *

Canotage sur la Cam avec Jane

Mais je ne suis pas mort. En fait, malgré les nuages qui s'amoncelaient sur mon avenir, je découvris avec étonnement que je jouissais de la vie. Ce qui a vraiment fait la différence, c'est que je me suis fiancé à une jeune fille, Jane Wilde, que j'avais rencontrée à peu près au moment où l'on découvrit ma SLA[4]. Cela me donnait une raison de vivre.

Pour pouvoir nous marier un jour, il fallait que j'aie un emploi, et pour trouver un emploi il fallait que je termine ma thèse. Je me mis donc au travail pour la première fois de ma vie. À ma grande surprise, cela me plut. Je ne devrais pourtant peut-être pas parler de « travail ». D'aucuns ne se plaisent-ils pas à dire que les scientifiques et les prostituées sont payés pour faire une chose qui leur plaît ?

Pour gagner ma vie pendant mes études, je fis une demande de bourse de recherche au Gonville and Caius College de Cambridge. Comme j'avais du mal à écrire ou à taper à la machine à cause de mon handicap croissant, j'espérais que Jane dactylographierait mon dossier de candidature. Mais lorsqu'elle vint me voir à Cambridge, elle avait un bras dans le plâtre. Je dois avouer que je me montrai moins compatissant que je n'aurais pu l'être. C'était son bras gauche, cependant ; elle put écrire sous ma dictée, et quelqu'un d'autre tapa le tout à la machine.

Dans le dossier, je devais nommer deux personnes susceptibles de se porter garantes de mon travail. Mon directeur de thèse me suggéra de solliciter Hermann Bondi. Bondi était alors professeur de mathématiques au King's College de Londres, et expert en relativité générale. Je l'avais rencontré deux ou trois fois, et il avait soumis un de mes articles pour publication dans la revue *Proceedings of the Royal Society*. Après une conférence qu'il donnait à Cambridge, je lui demandai de me fournir une lettre de recommandation ; il me regarda d'un air incertain et accepta. De toute évidence, il ne se souvenait pas de moi, car lorsque le *college* lui demanda la lettre, il répondit qu'il n'avait jamais entendu parler de moi. De nos jours, tant de gens tentent d'obtenir une bourse de recherche que si l'un des garants déclare ne pas connaître le candidat, tout s'arrête. Mais en ce temps-là, la vie était plus douce. Toujours est-il que le *college* me transmit la réponse embarrassante de Bondi.

Mon directeur de thèse le contacta alors pour lui rafraîchir la mémoire, et Bondi m'écrivit dans la foulée une lettre de recommandation sans doute plus élogieuse que je ne le méritais. J'obtins pour finir une bourse de recherche, et depuis je suis *Fellow* de Caius College.

Grâce à cette bourse, nous allions pouvoir nous marier, Jane et moi, ce que nous fîmes en juillet 1965. Nous passâmes une semaine de lune de miel dans le Suffolk, car je ne pouvais pas me permettre davantage. Puis nous partîmes pour une école d'été sur la relativité générale à l'université Cornell.

Ce fut une erreur. Nous étions hébergés dans un dortoir rempli de couples, accompagnés de jeunes enfants bruyants, ce qui mit notre mariage à l'épreuve. Pour le reste, néanmoins, cette école d'été me fut très utile car j'y rencontrai bon nombre des plus éminents spécialistes du domaine.

Au début, Jane était encore étudiante au West-field College de Londres. Elle devait donc quitter Cambridge en semaine pour aller terminer son diplôme. Comme la faiblesse musculaire causée par ma maladie s'aggravait, j'avais de plus en plus de mal à marcher, et il nous fallut trouver un logement plus central où je pourrais me débrouiller seul. Je demandai de l'aide au *college*, mais l'intendant me répondit qu'il n'était pas dans les habitudes de l'établissement d'aider les *Fellows* à se loger. Nous nous inscrivîmes alors sur la liste d'attente pour louer un des nouveaux appartements que l'on construisait sur la place du marché, emplacement commode (des années plus

Mon mariage avec Jane

tard, j'appris que ces appartements appartenaient en fait au *college*, mais on ne me l'avait pas dit). Or, quand nous revînmes à Cambridge après avoir passé l'été en Amérique, les appartements n'étaient pas du tout prêts.

En guise de grande concession, l'intendant nous proposa une chambre dans une pension pour doctorants. « Le tarif à la nuit est normalement de 12 shillings 6 pence, mais comme vous serez deux dans cette chambre, ce sera 25 shillings. » Nous n'y dormîmes que trois nuits avant de trouver une petite maison à une centaine de mètres de ma faculté. Elle appartenait à un autre *college*, qui la louait à un de ses *Fellows*. Ce dernier ayant récemment emménagé en banlieue, il nous la sous-loua pour les trois mois restants de son bail.

Durant ces trois mois, nous découvrîmes qu'une autre maison dans la même rue était inoccupée. Un voisin appela la propriétaire, dans le Dorset, et lui dit qu'il était honteux de laisser un logement vacant quand des jeunes gens cherchaient un toit, de sorte qu'elle nous la loua. Après y avoir vécu trois ans, comme nous avions envie de l'acheter et d'y faire des travaux, nous demandâmes un prêt à mon *college*. Après enquête, celui-ci décida que le prêt serait trop risqué, et nous finîmes par contracter un emprunt ailleurs, tandis que mes parents nous donnèrent de quoi rénover la maison.

*
* *

La situation à Caius College à cette époque rappelait un peu l'atmosphère des romans de C.P. Snow[5]. Le corps enseignant était divisé depuis ce qu'on appelait la « révolte des Paysans », au cours de laquelle un certain nombre de *Junior Fellows* avaient uni leurs forces pour exclure quelques *Senior Fellows*. Deux camps s'opposaient dès lors : d'une part, le directeur et l'intendant, d'autre part, les progressistes qui voulaient consacrer davantage de la fortune considérable du *college* à des fins plus académiques. Les progressistes profitèrent d'une réunion du conseil d'administration où le directeur et l'intendant étaient absents pour élire six chercheurs, dont moi.

Lors du premier conseil auquel j'assistai, on procéda à des élections. Les autres nouveaux chercheurs avaient reçu des instructions afin de savoir pour qui voter, mais j'étais entièrement innocent et je votai pour des candidats des deux partis. Les progressistes remportèrent la majorité, et le directeur, Sir Nevill Mott (qui devait ensuite se voir décerner un prix Nobel pour ses travaux en physique de la matière condensée), démissionna rageusement. Le nouveau directeur, Joseph Needham (auteur d'une histoire des sciences en Chine, en plusieurs volumes), sut panser les blessures et, depuis, le *college* jouit d'une paix relative.

*
* *

Notre premier enfant, Robert, naquit au bout de deux ans de mariage. Peu après sa naissance, nous l'emmenâmes à un congrès scientifique à Seattle. Ce fut une nouvelle erreur. À cause de mon handicap grandissant, je ne pouvais guère aider, et Jane était pratiquement seule pour s'occuper du bébé, ce qui la fatigua beaucoup. Et le périple que nous fîmes aux États-Unis après Seattle n'arrangea rien. Robert habite aujourd'hui Seattle avec sa femme, Katrina, et leurs enfants, George et Rose, ce qui montre que cette expérience n'a pas laissé de véritables séquelles sur lui.

Notre deuxième enfant, Lucy, naquit environ trois ans plus tard, dans un ancien hospice pour nécessiteux reconverti en maternité. Durant la grossesse, nous avions dû nous installer dans une maison à toit de chaume appartenant à des amis, alors que la nôtre subissait des travaux d'agrandissement. Nous ne pûmes y emménager de nouveau que quelques jours avant la naissance.

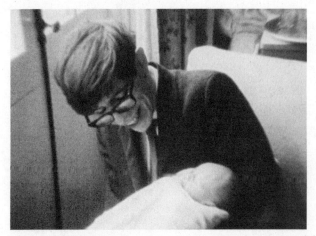

Avec mon premier enfant, Robert

Jane et Robert

CHAPITRE 5

Ondes gravitationnelles

En 1969, Joseph Weber fit part de ses observations : il avait détecté des bouffées d'ondes gravitationnelles[6] grâce à un dispositif composé de deux barres d'aluminium suspendues dans le vide. Lorsqu'une onde gravitationnelle s'approchait, elle étirait les choses dans une direction (perpendiculaire au sens de déplacement de l'onde) et les comprimait dans l'autre (perpendiculaire à l'onde). Cela faisait vibrer les barres à leur fréquence de résonance – 1660 cycles par seconde – et ces oscillations étaient détectées par des cristaux fixés aux barres. Au début de l'année 1970, je rendis visite à Weber, près de Princeton, et j'examinai son matériel. Mon œil de profane n'y vit rien à redire, mais les résultats revendiqués par Weber étaient réellement étonnants. Les seules sources possibles d'ondes gravitationnelles suffisamment puissantes pour stimuler ses barres étaient l'effondrement d'une étoile très massive pour former un trou noir, ou la collision et fusion de deux trous noirs, et ces sources devaient être proches, plus précisément à l'intérieur de notre galaxie. Jusque-là, on estimait que ces événements se produisaient en moyenne une fois par siècle, mais Weber affirmait voir des bouffées une ou deux fois par jour. Cela signifiait que la galaxie perdait de sa masse à un rythme qui avait dû s'accélérer depuis les origines, sans quoi il ne serait rien resté d'elle de nos jours.

De retour en Angleterre, je décidai que les affirmations stupéfiantes de Weber appelaient une vérification indépendante. Avec mon étudiant Gary Gibbons, j'écrivis un article sur la théorie de la détection des bouffées d'ondes gravitationnelles, article dans lequel nous suggérions comment créer un détecteur plus sensible. Comme personne n'avait apparemment envie de le construire, nous accomplîmes, Gary et moi, un geste audacieux de la part de deux théoriciens, en demandant au Science Research Council un financement pour fabriquer deux détecteurs (car il faut observer des coïncidences entre au moins deux détecteurs, à cause des faux signaux liés au bruit et aux vibrations terrestres). Gary fit le tour des surplus de guerre, en quête de chambres de décompression à utiliser pour faire le vide, et je partis à la recherche de locaux adéquats.

Au Science Research Council, nous finîmes par rencontrer d'autres groupes soucieux de vérifier les allégations de Weber, au treizième étage d'un immeuble londonien (le Science Research Council ne pouvait souscrire à des croyances superstitieuses, de sorte qu'ils l'avaient eu à un bon prix). Comme d'autres que nous s'y intéressaient, nous retirâmes notre demande, Gary et moi. Je l'avais échappé belle ! Avec mon handicap croissant, j'aurais fait un piètre expérimentateur. Et en science expérimentale, il est très difficile de se faire remarquer. En général, on appartient à une grande équipe, et l'expérience dure des années. À l'inverse, un théoricien peut être frappé d'une idée et la formuler en un après-midi – dans mon cas, plutôt à l'heure du coucher –, et il n'a qu'à écrire un article seul ou avec un ou deux collègues pour se faire un nom.

Les détecteurs d'ondes gravitationnelles sont devenus beaucoup plus sensibles depuis les années 1970. Les dispositifs actuels emploient la télémétrie laser pour comparer la longueur de deux bras à angle droit. Les États-Unis possèdent deux de ces détecteurs LIGO. Bien qu'ils soient dix millions de fois plus sensibles que ceux de Weber, ils n'ont pas été capables jusqu'ici de détecter les ondes gravitationnelles de façon certaine. En définitive, je suis bien content d'être resté un théoricien.

CHAPITRE 6

Le Big Bang

Au début des années 1960, la grande question en cosmologie était de savoir si l'Univers avait eu un commencement. Nombre de scientifiques étaient opposés à cette idée – par instinct – et donc à la théorie du Big Bang, parce qu'ils pensaient qu'un point de création marquerait l'échec de la science. Il aurait dès lors fallu invoquer la religion et la main de Dieu pour déterminer comment l'Univers avait démarré.

Deux scénarios possibles avaient donc été imaginés. L'un était la théorie de l'état stationnaire : au fur et à mesure de l'expansion de l'Univers, il se créait sans cesse de la matière nouvelle pour que la densité moyenne reste constante. La théorie de l'état stationnaire n'avait jamais eu de base théorique très solide, parce qu'il fallait un champ d'énergie négative pour créer la matière. Cela aurait rendu l'Univers instable et enclin à la production incontrôlée de matière et d'énergie négative. Mais cette hypothèse avait le grand mérite d'avancer des prédictions claires, qui pouvaient être vérifiées par l'observation.

En 1963, la théorie de l'état stationnaire était en fait déjà en difficulté. Le groupe de radioastronomie de Martin Ryle, au laboratoire Cavendish, fit des observations de sources radio faibles et découvrit que ces sources étaient réparties assez uniformément dans le ciel. Cela indiquait qu'elles se situaient probablement en dehors de notre galaxie, car sinon elles auraient été concentrées le long de la Voie lactée. Mais la représentation graphique du nombre des sources en fonction de leur intensité ne coïncidait pas avec les prédictions de la théorie de l'état stationnaire. Il y avait trop de sources faibles, signe que la densité des sources avait été plus forte dans un passé lointain.

Face à ces observations, Hoyle et ses partisans se mirent à élaborer des explications de plus en plus alambiquées, jusqu'à ce que la théorie de l'état stationnaire reçût le coup de grâce en 1965, avec la découverte d'un fond de radiations micro-ondes de faible amplitude (analogues à celles d'un four à micro-ondes, mais correspondant à une température bien plus basse de 2,7 kelvins seulement, très légèrement au-dessus du zéro absolu[7]). Ce rayonnement ne pouvait être justifié par la théorie de l'état stationnaire, malgré les tentatives désespérées de Hoyle et Narlikar. Une chance que je n'aie pas été disciple de Hoyle, car j'aurais eu à défendre la théorie de l'état stationnaire.

Ce fond de rayonnement micro-onde (ou fond diffus cosmologique) indiquait que l'Univers avait traversé autrefois une période chaude et dense. Toutefois, cela ne prouvait pas que ce stade ait été le commencement de l'Univers. On pouvait imaginer que celui-ci avait d'abord eu une phase de contraction et qu'il avait rebondi en quelque sorte, de la contraction à l'expansion, à une densité élevée mais finie. La question fondamentale était de savoir si tel était bien le cas, et c'était exactement ce qu'il me fallait pour terminer ma thèse.

La gravité tend à rassembler la matière, tandis que la rotation la disperse. Ma première question était donc de savoir si la rotation pouvait entraîner un rebond dans l'évolution de l'Univers. Avec George Ellis, je pus montrer que la réponse était non si l'Univers était spatialement homogène, c'est-à-dire s'il était identique en chaque point de l'espace. Pourtant, deux Russes, Evgueni Lifchits et Isaak Khalatnikov, prétendaient avoir prouvé qu'une contraction générale sans symétrie exacte conduisait toujours à un rebond, la densité restant finie. Le résultat était très commode pour le matérialisme dialectique marxiste-léniniste, parce qu'il éludait les questions embarrassantes sur la création de l'Univers. Cela devint donc un article de foi pour les scientifiques soviétiques.

En relativité générale, Lifchits et Khalatnikov étaient des membres de la vieille école : ils écrivaient un énorme système d'équations puis tentaient de deviner une solution. Mais il n'était

The idea that the universe is expanding is of recent
origin. All the early cosmologies were essentially
stationary and even Einstein whose theory of relativity is
the basis for almost all modern developments in cosmology,
found it natural to suggest a static model of the universe.
However there is a very grave difficulty associated with a
static model such as Einstein's which is supposed to have
existed for an infinite time. For, if the stars had been radi-
ating energy at their present rates for an infinite time,
they would have needed an infinite supply of energy. Further,
the flux of radiation now would be infinite. Alternatively,
if they had only a limited supply of energy, the whole universe
would by now have reached thermal equilibrium which is certainly
not the case. This difficulty was noticed by Olbers who however
was not able to suggest any solution. The discovery of the
recession of the nebulae by Hubble led to the abandonment of
static models in favour of ones which were expanding.

Clearly there are several possibilities: the universe
may have expanded from a highly dense state a finite time ago
(the so-called 'big-bang' model); another is that the present
expansion may have been preceded by a contraction which, in

PROPERTIES OF EXPANDING UNIVERSES — S. W. HAWKING

Ma thèse, enfin terminée

pas certain que la solution qu'ils trouvaient fût
la plus générale. Roger Penrose introduisit une
nouvelle approche, qui n'exigeait pas de
résoudre explicitement les équations de champ
d'Einstein, mais seulement de respecter certaines propriétés, comme le fait que l'énergie
est positive et la gravité attractive. En janvier 1965, Penrose consacra un séminaire à ce
sujet au King's College de Londres. Je n'y étais
pas, mais j'en entendis parler grâce à Brandon
Carter, avec qui je partageais un bureau dans

le nouveau département de mathématiques appliquées et de physique théorique (DAMTP), dans Silver Street, à Cambridge.

Je ne pus d'abord comprendre quel était le but. Penrose avait montré que si une étoile mourante se contractait jusqu'à atteindre un certain rayon, il apparaîtrait inévitablement une singularité, un point où l'espace et le temps prenaient fin. De mon point de vue, nous savions déjà que rien ne pouvait empêcher une énorme étoile froide de s'effondrer sous sa propre gravité, jusqu'à ce qu'elle atteigne une singularité de densité infinie. Mais en fait, les équations n'avaient été résolues que pour l'effondrement d'une étoile *parfaitement sphérique*, et bien entendu, une véritable étoile n'est jamais exactement sphérique. Si Lifchits et Khalatnikov avaient raison, l'écart par rapport à la symétrie sphérique s'accentuerait à mesure que l'étoile s'effondrerait, et il en résulterait que certaines parties de l'étoile ne pourraient se rencontrer, évitant ainsi l'apparition d'une singularité de densité infinie. Mais Penrose montra qu'ils se trompaient : de petits écarts par rapport à la symétrie sphérique n'empêchaient pas la singularité de survenir.

C'est alors que je compris qu'on pouvait appliquer des arguments semblables à l'expansion de l'Univers. En l'espèce, je pouvais prouver qu'il existait des singularités où l'espace-temps avait un commencement. Là encore, Lifchits et Khalatnikov se trompaient. La relativité générale prévoyait que l'Univers ait eu un commencement, résultat qui ne passa pas inaperçu aux yeux de l'Église.

Les théorèmes sur la singularité originelle élaborés par Penrose et par moi reposaient sur l'hypothèse que l'Univers avait une surface de Cauchy, c'est-à-dire une surface que la trajectoire de chaque particule intersecte une fois et une fois seulement. Il était donc possible que nos premiers théorèmes sur la singularité prouvent que l'Univers ne présentait pas de surface de Cauchy. Bien qu'intéressant, ce point n'était pas d'une importance comparable au fait que le temps avait un commencement ou une fin. J'entrepris donc de prouver les théorèmes sur la singularité qui n'exigeaient pas l'hypothèse d'une surface de Cauchy.

Au cours des cinq années suivantes, Roger Penrose, Bob Geroch et moi, nous avons élaboré la théorie d'une structure causale en relativité générale. Imaginez ce que nous ressentions, face à un domaine entier qui s'ouvrait pratiquement pour nous seuls : c'était extraordinaire. Tout le contraire de la physique des particules, où les gens se donnaient beaucoup de mal pour se raccrocher à la dernière idée en vogue. Et cela n'a pas changé.

Je rédigeai certaines de mes conclusions dans un essai qui remporta un prix Adams à Cambridge en 1966. Ce fut le point de départ du livre *La Structure à grande échelle de l'espace-temps*, que j'écrivis avec George Ellis et qui fut publié par les Presses universitaires de Cambridge en 1973. Ce livre est toujours disponible parce qu'il offre pratiquement le dernier mot en matière de structure causale de l'espace-temps : il explique quel pôle de l'espace-temps peut affecter les événements en d'autres points. Je recommanderais au grand public de ne pas se risquer à sa lecture toutefois. C'est un texte très technique, écrit à une époque où j'essayais d'être aussi rigoureux qu'un mathématicien pur. Aujourd'hui, j'essaie plutôt de ne pas me tromper. En tout cas, il est devenu presque impossible d'être rigoureux en physique quantique, parce que le domaine tout entier repose sur des bases mathématiques très instables.

CHAPITRE 7

Les trous noirs

L'idée de trou noir est apparue il y a plus de deux cents ans. En 1783, John Michell, professeur à Cambridge, publia dans les *Philosophical Transactions of the Royal Society of London* un article sur ce qu'il appelait les « étoiles sombres ». Il y signalait qu'une étoile assez massive et compacte aurait un champ gravitationnel tellement fort que la lumière ne pourrait s'en échapper. Toute lumière émise à la surface de l'étoile serait absorbée par l'attraction gravitationnelle de celle-ci avant de pouvoir aller bien loin.

Michell suggérait qu'il pouvait exister un grand nombre d'étoiles de ce genre. Même si nous ne pouvions pas les voir, parce que leur lumière ne parvenait pas jusqu'à nous, nous en sentirions quand même l'attraction gravitationnelle. Il s'agit de ce que nous appelons aujourd'hui des trous noirs, parce que ce sont précisément des vides noirs dans l'espace. Une idée similaire fut avancée quelques années plus tard en France, par le marquis de Laplace, sans lien avec Michell apparemment. Curieusement, Laplace l'inclut seulement dans les deux premières éditions de son *Exposition du système du monde*, pour l'omettre dans les suivantes. Peut-être avait-il décidé que c'était une idée absurde.

Michell comme Laplace pensaient que la lumière était composée de particules, un peu comme des boulets de canon, qui pouvaient être ralenties par la gravité et rejetées sur l'étoile. Cette conception se révéla toutefois incompatible avec l'expérience de Michelson et Morley, menée en 1887, qui montra que la lumière se déplace toujours à la même vitesse. Pour voir apparaître une théorie cohérente de la façon dont la gravité affecte la lumière, il fallut attendre 1915, quand Einstein formula la relativité générale. C'est précisément en se servant de cette théorie que Robert Oppenheimer et ses élèves, George Volkoff et Hartland Snyder, montrèrent en 1939 qu'une étoile ayant épuisé son combustible nucléaire ne pouvait résister à la gravité dès que sa masse dépassait une certaine limite, de l'ordre de la masse du Soleil environ. Les étoiles consumées d'une masse supérieure s'effondreraient sur elles-mêmes et formeraient des trous noirs contenant des singularités de densité infinie. Einstein n'accepta jamais les trous noirs, bien que dérivant de sa théorie, pas plus que l'idée selon laquelle la matière pouvait être comprimée jusqu'à une densité infinie.

Puis vint la guerre, qui amena Oppenheimer à travailler sur la bombe atomique. Par la suite, les gens s'intéressèrent davantage à la physique atomique et nucléaire, négligeant l'effondrement gravitationnel et les trous noirs pendant plus de vingt ans.

*

* *

Ce n'est qu'au début des années 1960 que l'intérêt pour l'effondrement gravitationnel fut ranimé, avec la découverte des quasars. Ces entités très éloignées sont des sources radio et optiques très compactes et intenses. Or le seul mécanisme plausible pour expliquer la production de tant d'énergie en si peu d'espace faisait appel à de la matière tombant dans un trou noir. Les travaux d'Oppenheimer furent exhumés, et des gens se mirent à travailler sur la théorie des trous noirs.

En 1967, Werner Israel publia un résultat important. Il montra que, sauf si le résidu de l'effondrement d'une étoile à faible vitesse de rotation était parfaitement sphérique, sa singularité serait nue, visible pour les observateurs extérieurs. Cela aurait signifié que la relativité générale cesserait d'être valable au niveau de la singularité d'une étoile en plein effondrement, nous empêchant de prédire l'avenir du reste de l'Univers.

La plupart des gens, dont Israel lui-même, crurent d'abord que, les vraies étoiles n'étant pas exactement sphériques, leur effondrement susciterait des singularités nues et la fin de la prévisibilité. Une interprétation différente fut pourtant avancée par Roger Penrose et John Wheeler : le résidu de l'effondrement gravitationnel d'une étoile à faible vitesse de rotation parviendrait rapidement à un état sphérique. Ils suggéraient l'existence d'une censure cosmique : la nature est prude et dissimule les singularités dans les trous noirs, où l'on ne peut pas les voir.

Au DAMTP, j'avais placé sur la porte de mon bureau un autocollant disant « Les trous noirs, ça n'a rien à voir ». Cela agaçait tellement le chef de département qu'il orchestra mon élection à la chaire de professeur lucasien, ce qui me valut d'être installé dans un meilleur bureau, et il arracha lui-même l'exaspérant slogan de la porte de mon ancien bureau.

*
* *

Mon travail sur les trous noirs commença par un Eurêka en 1970, quelques jours après la naissance de ma fille Lucy. Un soir, en me couchant, je compris que je pouvais appliquer aux trous noirs la théorie de la structure causale que j'avais élaborée pour les théorèmes sur la singularité. En particulier, l'aire de l'horizon, la limite spatiale du trou noir, augmenterait toujours. Quand deux trous noirs entrent en collision et fusionnent, l'aire du trou noir qui en résulte est plus vaste que la somme des aires des deux trous initiaux. Cette idée, ainsi que certaines autres propriétés découvertes par Jim Bardeen, Brandon Carter et moi-même, suggéraient que l'aire était comme l'entropie d'un trou noir. Elle constituait en effet une mesure du nombre d'états qu'un trou noir pouvait occuper à l'intérieur sans changer d'apparence à l'extérieur. Mais l'aire ne pouvait réellement être l'entropie, parce que si les trous noirs avaient une entropie, ils auraient aussi une température et rougeoieraient comme un corps chaud. Or tout le monde pensait que les trous noirs étaient entièrement noirs et n'émettaient ni lumière ni autre chose.

Ce fut une période exaltante, qui culmina avec l'école d'été des Houches (Haute-Savoie) en 1972, lors de laquelle nous pûmes résoudre la plupart des problèmes majeurs de la théorie des trous noirs. En particulier, avec David Robinson, je prouvai le théorème dit de calvitie, selon lequel un trou noir finit par se stabiliser dans un état caractérisé par seulement deux paramètres, sa masse et sa rotation. Là encore, cela suggérait que les trous noirs avaient une entropie, puisque de nombreuses étoiles différentes pouvaient s'effondrer pour créer un trou noir de même masse et de même rotation.

Toute cette théorie fut élaborée avant qu'on dispose de preuves observationnelles des trous noirs, ce qui montre que Feynman se trompait en disant qu'un champ de recherche actif doit être guidé par l'expérience. Seul problème, l'hypothèse de la censure cosmique n'a jamais été prouvée, même si bien des tentatives visant à l'invalider ont échoué. Comme elle est fondamentale pour tout travail sur les trous noirs, j'ai intérêt à ce qu'elle soit vraie. Avec Kip

Thorne et John Preskill, nous en avons donc fait l'objet d'un pari. Il me sera difficile de le gagner, mais il est très possible que je le perde si quelqu'un trouve un contre-exemple avec une singularité nue. En fait, j'ai perdu une première version de ce pari, faute d'avoir été suffisamment scrupuleux dans le choix des mots. Thorne et Preskill ne furent pas sensibles à l'humour du tee-shirt que je leur offris en compensation.

Humour et cosmologie (1) : j'ai fait imprimer ce tee-shirt après avoir perdu un pari (« La nature a horreur de la singularité nue »)

*

*   *

Nous avions remporté un tel succès avec la théorie classique de la relativité générale que je me sentis un peu perdu en 1973, après la publication de *La Structure à grande échelle de l'espace-temps*. Mon travail avec Penrose avait prouvé que la relativité générale cesserait d'être valable au niveau des singularités. L'étape suivante serait donc de combiner la relativité générale, théorie de l'infiniment grand, avec la théorie quantique, théorie de l'infiniment petit. Je n'avais aucune formation en théorie quantique, et le problème de la singularité semblait alors trop difficile pour un assaut frontal. En guise d'échauffement, je me demandai comment les particules et les champs gouvernés par la théorie quantique se comporteraient près d'un trou noir. En particulier, je me posai cette question : existe-t-il des atomes dont le noyau soit un minuscule trou noir primordial, formé au début de l'Univers ?

Pour répondre, j'étudiai la manière dont les champs quantiques pouvaient se diffuser autour d'un trou noir. Je m'attendais à ce qu'une onde incidente soit en partie absorbée et à ce que le reste soit diffusé. Mais à ma grande surprise, je découvris que le trou noir semblait émettre quelque chose. Je crus d'abord avoir fait une erreur de calcul. Voici ce qui finit par me persuader que j'étais dans le vrai : l'émission était exactement ce qui était requis pour identifier l'aire de l'horizon à l'entropie d'un trou noir. La formule simple suivante résume tout :

$$S = \frac{Ac^3}{4\hbar G}$$

où S est l'entropie et A est l'aire de l'horizon. Cette équation contient les trois constantes fondamentales de la nature : c, la vitesse de la lumière ; G, la constante gravitationnelle de Newton ; et $\hbar$, la constante de Planck. Elle révèle qu'il existe une relation profonde, et jusque-là insoupçonnée, entre la gravité et la thermodynamique (la science de la chaleur).

Le rayonnement émis par le trou noir emportera de l'énergie, de sorte que ce dernier perdra de la masse et rétrécira. Finalement, semble-t-il, le trou noir s'évaporera entièrement et disparaîtra. Cela soulevait une difficulté qui touchait au cœur même de la physique. Mon calcul indiquait que le rayonnement était exactement thermique et aléatoire, comme cela est requis pour que l'aire de l'horizon corresponde à l'entropie du trou noir. Alors comment le rayonnement qui lui survit pouvait-il porter toute l'information sur ce qui faisait le trou noir ? Pourtant, que l'information soit perdue et le tout devient incompatible avec la mécanique quantique.

Ce paradoxe avait été débattu depuis trente ans sans grand progrès, jusqu'au jour où je crus avoir trouvé la solution. L'information n'est pas perdue, mais elle n'est pas restituée de façon exploitable. C'est comme brûler une encyclopédie : l'information contenue dans l'encyclopédie n'est pas techniquement perdue si l'on conserve toute la fumée et les cendres, mais elle est très difficile à lire. En fait, Kip Thorne et moi, nous avions fait un pari avec John Preskill sur le paradoxe de l'information. Quand John a gagné le pari, je lui ai offert une encyclopédie du base-ball, mais j'aurais peut-être mieux fait de lui en offrir simplement les cendres.

Whereas Stephen Hawking and Kip Thorne firmly believe that information swallowed by a black hole is forever hidden from the outside universe, and can never be revealed even as the black hole evaporates and completely disappears,

And whereas John Preskill firmly believes that a mechanism for the information to be released by the evaporating black hole must and will be found in the correct theory of quantum gravity,

Therefore Preskill offers, and Hawking/Thorne accept, a wager that:

When an initial pure quantum state undergoes gravitational collapse to form a black hole, the final state at the end of black hole evaporation will always be a pure quantum state.

The loser(s) will reward the winner(s) with an encyclopedia of the winner's choice, from which information can be recovered at will.

Stephen W. Hawking & Kip S. Thorne   John P. Preskill

Pasadena, California, 6 February 1997

Humour et cosmologie (2) : un pari avec John Preskill

CHAPITRE 8

Caltech

En 1974, je fus élu membre de la Royal Society. Cette désignation fut une surprise pour mon département car j'étais jeune et somme toute un simple assistant de recherche. Mais trois ans après, je fus promu professeur.

Jane succomba à la dépression après mon élection, sentant que j'avais atteint mes objectifs et

Notre maison à Pasadena

que je ne pouvais ensuite que décliner. Elle se ressaisit un peu quand mon ami Kip Thorne nous invita au California Institute of Technology (Caltech), en même temps que plusieurs autres qui travaillaient dans le domaine de la relativité générale.

Depuis quatre ans, j'utilisais un fauteuil roulant manuel ainsi qu'un véhicule électrique bleu, à trois roues, qui se déplaçait lentement et dans lequel je transportais parfois illégalement des passagers. En Californie, nous nous installâmes dans une maison de style colonial appartenant au Caltech, près du campus, où je me servis pour la première fois d'un fauteuil roulant électrique. Cela me conférait une indépendance considérable, d'autant plus qu'aux États-Unis les bâtiments et les trottoirs sont bien plus accessibles aux handicapés qu'ils ne

Jane, Lucy, Robert et moi dans notre jardin à Pasadena
(*ci-dessus* et *à droite*)

le sont en Grande-Bretagne. Par ailleurs, nous logions un de mes doctorants : il m'aidait à me lever, à me coucher, et m'assistait à l'heure des repas ; nous l'hébergions en échange, et il bénéficiait de toute mon attention en tant que directeur de thèse.

Les deux enfants que nous avions alors, Robert et Lucy, adoraient la Californie. Comme l'école où ils étaient inscrits redoutait les kidnappings, on ne pouvait pas aller les chercher normalement après les cours. Les parents devaient faire le tour du pâté de maisons en voiture et se présenter à la grille un par un. L'enfant concerné était alors convoqué par le biais d'une corne de brume. Je n'avais encore jamais rien vu de tel.

La maison était équipée d'un téléviseur en couleurs. En Angleterre, nous n'avions qu'un poste en noir et blanc qui fonctionnait tant bien que mal. Donc nous regardions beaucoup la

télévision, surtout des séries britanniques comme *Maîtres et valets* ou le documentaire *La Marche de l'homme*. Nous venions justement d'en voir l'épisode où le Vatican intente un procès à Galilée et l'assigne à résidence jusqu'à la fin de ses jours, lorsque j'appris que l'Académie pontificale des sciences venait de m'attribuer la médaille Pie XI. J'eus d'abord envie de la refuser avec indignation, mais je dus admettre que le Vatican avait fini par changer d'avis au sujet de Galilée. Je pris donc un avion pour l'Angleterre, où je retrouvai mes parents, qui m'accompagnèrent à Rome. Durant la visite du Vatican, je demandai à ce qu'on me montre les minutes du procès de Galilée, conservées à la Bibliothèque vaticane.

Lors de la cérémonie de remise du prix, le pape Paul VI descendit de son trône et s'agenouilla à côté de moi. Je rencontrai par la suite Paul Dirac, un des pères de la théorie quantique, que je n'avais jamais abordé lorsqu'il était professeur à Cambridge, parce que je ne m'intéressais pas alors au quantum de matière. Il me dit qu'il avait initialement proposé un autre candidat, mais qu'il avait finalement décidé que j'étais un meilleur choix et avait conseillé à l'Académie de m'attribuer la médaille.

*
* *

Au Caltech, les deux principales stars du département de physique étaient alors Richard Feynman et Murray Gell-Mann, deux lauréats du prix Nobel qu'une intense rivalité séparait. Lors de la première séance de son séminaire hebdomadaire, Gell-Mann annonça : « Je vais répéter certaines conférences que j'ai prononcées l'an dernier », sur quoi Feynman se leva et sortit. Gell-Mann ajouta alors : « Maintenant qu'il est parti, je peux vous dire de quoi je souhaite réellement vous parler. »

C'était une époque exaltante pour la physique des particules. De nouvelles particules « charmées » venaient d'être découvertes à Stanford, ce qui contribuait à confirmer la théorie de Gell-Mann selon laquelle les protons et neutrons étaient formés de trois particules plus fondamentales, les quarks.

Au Caltech, je pariai avec Kip Thorne que le système stellaire binaire Cygnus X-1 ne contenait pas de trou noir. Cygnus X-1 est une source de rayons X où une étoile normale perd son enveloppe externe au profit d'une étoile compagnon, compacte et invisible. À mesure que la matière tombe vers le compagnon, elle adopte un mouvement en spirale et devient très chaude, émettant des rayons X. J'espérais perdre ce pari, car j'avais évidemment fait un énorme investissement intellectuel dans les trous noirs. Mais s'il était prouvé qu'ils n'existaient pas, j'aurais au moins la consolation de gagner quatre ans d'abonnement au magazine *Private Eye*[8]. D'un autre côté, si Kip gagnait, il recevrait un an de numéros de *Penthouse*. Dans les années qui suivirent le pari, les preuves devinrent si forte en faveur des trous noirs que je capitulai et offris à Kip un abonnement à *Penthouse*, au grand déplaisir de son épouse.

*
* *

En Californie, je travaillais avec un doctorant du Caltech nommé Don Page. Don était né et avait grandi dans un village de l'Alaska où, avec ses parents maîtres d'école, ils étaient les trois seuls non-Inuit. C'était un chrétien évangélique et il fit de son mieux pour me convertir lorsqu'il vint par la suite vivre chez nous à Cambridge. Il me lisait la Bible au petit déjeuner, mais je lui dis que je connaissais bien les Écritures depuis mon séjour à Majorque, et parce que mon père avait l'habitude de me la lire (mon père n'était pas croyant, mais il estimait que la Bible avait une importance culturelle).

Avec Don, j'essayais de déterminer s'il était possible d'observer l'émission que j'attribuais aux trous noirs. La température de la radiation d'un trou noir de la masse du Soleil ne devait être que d'un millionième de kelvin, à peine au-dessus du zéro absolu, si bien qu'elle aurait été noyée dans le fond diffus cosmologique, d'une température de 2,7 kelvins. Toutefois, il pouvait exister des trous noirs bien plus petits, vestiges du Big Bang. Un trou noir primordial de la masse d'une montagne devait émettre des rayons gamma et se trouver présentement en fin de parcours, l'essentiel de sa masse initiale s'étant échappée par rayonnement. Nous cherchions la preuve de ces émissions dans le rayonnement gamma de fond, mais en vain. Nous pûmes néanmoins fixer une limite maximale à la densité numérique des trous noirs d'une telle masse : tout indique que nous avons peu de chances d'en être suffisamment proches pour les détecter.

CHAPITRE 9

Mon couple

Au retour du Caltech en 1975, nous savions que je serais désormais incapable de monter les escaliers de notre maison. Comme le *college* m'appréciait alors davantage, il nous loua un appartement au rez-de-chaussée d'une grande maison victorienne qui lui appartenait (maison qui depuis a été démolie et remplacée par une résidence pour étudiants qui porte mon nom). L'appartement était entouré d'un parc entretenu par les jardiniers du *college*, ce qui était agréable pour les enfants.

Je me sentis d'abord un peu déprimé, une fois revenu en Angleterre. Tout semblait si provincial et étroit, par rapport au dynamisme des États-Unis. À l'époque, la campagne était en outre jonchée d'arbres morts, tués par la maladie hollandaise de l'orme, et le pays était perturbé par des grèves. Pourtant, je repris le moral grâce au succès que rencontrait mon travail et au fait de m'être vu confier, en 1979, la chaire de professeur lucasien de mathématiques, poste qu'avaient notamment occupé Sir Isaac Newton et Paul Dirac.

Avec ma famille,
après le baptême de notre troisième enfant, Tim

En 1979 également, notre troisième enfant, Tim, naquit après un voyage en Corse où je participais à une école d'été. Jane devint alors plus déprimée encore. Elle pensait que j'allais bientôt mourir et voulait trouver un homme qui la soutiendrait, elle et les enfants, et qui l'épouserait après mon décès. Elle rencontra Jonathan Jones, musicien et organiste à l'église voisine, et lui octroya une chambre de notre appartement. J'aurais pu m'y opposer, mais je pensais moi aussi que j'allais mourir jeune et je savais que quelqu'un devrait ensuite subvenir aux besoins de mes enfants.

Ma santé continuait de fait à se dégrader, et la maladie progressait avec pour symptômes en particulier des crises d'étouffement prolongées. En 1985, durant un voyage au Centre européen pour la recherche nucléaire (CERN), en Suisse, je contractai une pneumonie. On m'emmena aussitôt à l'hôpital du canton et l'on me mit sous un respirateur artificiel. Les médecins me croyaient tellement mal en point qu'ils proposèrent de couper le respirateur pour abréger mes souffrances, mais Jane refusa et me fit ramener par ambulance aérienne à l'hôpital d'Addenbrooke, à Cambridge. Là, on tenta de me ramener à mon état antérieur, mais il fallut finalement procéder à une trachéotomie.

Avant mon opération, mon élocution devenait déjà plus confuse, et seuls les gens qui me connaissaient pouvaient me comprendre. Mais au moins je pouvais communiquer. J'écrivais des articles scientifiques en dictant à une secrétaire, et je donnais des conférences avec l'aide d'un interprète qui répétait mes propos plus distinctement. La trachéotomie, en revanche, me priva entièrement de la faculté de parler. Pendant un moment, mon seul moyen de communiquer fut d'épeler les mots en haussant les sourcils quand on désignait la bonne lettre sur un tableau alphabétique. Il est très difficile d'avoir une conversation de cette façon, et encore plus d'écrire un article scientifique. Walt Woltosz, expert informaticien en Californie, entendit parler de mon cas et m'envoya un programme qu'il avait écrit, nommé « Equalizer ». Ce dernier me permettait de choisir les mots parmi une série de menus affichés à l'écran, en appuyant sur un interrupteur placé dans ma main. De nos jours, j'utilise un autre de ses logiciels, « Words Plus », que je contrôle par un petit capteur fixé à mes lunettes, qui répond au mouvement de mes joues. Quand ce que je veux dire est prêt, je peux l'envoyer vers un synthétiseur de parole.

Au début, j'utilisais le logiciel « Equalizer » sur un ordinateur domestique. Puis David Mason, de la firme Cambridge Adaptive Communication, installa sur mon fauteuil roulant un petit ordinateur portable et un synthétiseur de parole. Mes ordinateurs me sont désormais fournis par Intel. Grâce à ce système, il m'est possible de communiquer bien mieux qu'auparavant, et je parviens à composer trois mots par minute. Je peux soit dire ce que j'ai écrit, soit l'enregistrer sur un disque dur, puis l'imprimer ou l'énoncer phrase par phrase. C'est grâce à ce système que j'ai pu écrire sept livres et quantité d'articles scientifiques. J'ai aussi donné de nombreuses conférences scientifiques ou de vulgarisation. Elles ont été bien accueillies, ce qui à mon avis tient en grande partie à la qualité du synthétiseur de parole conçu par Speech Plus.

La voix est une donnée très importante. Si vous avez une voix pâteuse, les gens risquent de vous considérer comme faible d'esprit. Et précisément, ce synthétiseur était de loin le meilleur que j'aie entendu parce qu'il fait varier l'intonation et que grâce à lui on ne s'exprimait pas sur un ton monocorde, comme les Daleks, les extraterrestres de la série *Doctor Who*. Depuis Speech Plus a fait faillite, et son logiciel de synthèse de la parole est perdu. Je possède les trois derniers synthétiseurs restants. Ils sont énormes, consomment beaucoup d'énergie et contiennent des puces obsolètes qu'on ne peut remplacer. Néanmoins, je m'identifie à présent à ce timbre qui est devenu le mien, et je n'en changerais pas pour une voix plus naturelle, sauf si les trois synthétiseurs tombent en panne.

En sortant de l'hôpital, j'ai eu besoin d'une infirmière à plein temps. J'ai d'abord cru que ma carrière scientifique était finie et que je serais bon uniquement à rester à la maison pour regarder la télévision. Mais j'ai vite compris que je pouvais poursuivre mon travail scientifique et écrire des équations mathématiques grâce au logiciel « Latex », qui permet d'écrire les symboles mathématiques avec des caractères ordinaires, comme $\$\backslash pi\$$ pour π.

*
* *

Pendant ce temps, je vivais de plus en plus mal la relation intime qui se liait entre Jane et Jonathan. Ne pouvant plus supporter cette situation, je me suis pour finir installé en 1990 dans un appartement avec une de mes infirmières, Elaine Mason.

L'appartement étant un peu petit, et les deux fils d'Elaine passant avec nous une partie de la semaine, nous avons décidé de déménager. En 1987, une tempête avait arraché le toit de Newnham College, le seul *college* réservé aux femmes (tous les *colleges* jadis réservés aux hommes accueillaient désormais des femmes. Mon établissement, Caius, qui comptait un certain nombre d'enseignants conservateurs, fut l'un des derniers à s'y résoudre, après que les copies d'examens l'eurent persuadé que le seul moyen d'attirer de bons étudiants était d'admettre aussi les étudiantes). Parce que Newnham College manquait de moyens, il dut vendre quatre terrains pour financer les réparations de sa toiture après la tempête. Nous pûmes alors acheter l'un de ceux-ci et y faire bâtir une maison accueillante pour un fauteuil roulant.

Je me suis marié avec Elaine en 1995. Neuf mois plus tard, Jane épousait Jonathan Jones.

Avec Elaine je formais un couple passionné et orageux. Nous avons eu des hauts et des bas, mais étant infirmière, elle m'a sauvé la vie à plusieurs reprises. Après la trachéotomie, j'avais un tuyau en plastique dans la trachée, pour éviter que la nourriture et la salive ne descendent dans mes poumons ; ce tuyau était retenu par une manchette gonflée. Avec les années, la pression de la manchette en vint à m'abîmer la trachée, me faisant tousser et m'étouffer. Dans un avion qui me ramenait de

Mon mariage avec Elaine

Crète, où j'avais participé à un colloque, j'étais en train de tousser quand David Howard, un chirurgien qui se trouvait à bord du même vol, aborda Elaine et lui dit qu'il pouvait m'aider. Il suggéra une laryngectomie, qui séparerait entièrement ma trachée de ma gorge, de sorte que je n'aurais plus besoin d'un tuyau ou d'une manchette. Les médecins de l'hôpital d'Addenbrooke à Cambridge trouvaient cela trop risqué, mais Elaine insista, et David Howard procéda à l'opération dans un hôpital londonien. Cette intervention me sauva en fait la vie : deux semaines de plus et la manchette aurait percé un trou entre ma trachée et ma gorge, remplissant mes poumons de sang.

Quelques années plus tard, un autre incident sérieux se produisit parce que mon taux d'oxygène chutait dangereusement quand j'étais dans

Avec Elaine à Aspen, dans le Colorado
(*ci-dessus* et *à droite*)

un sommeil profond. On m'emmena d'urgence
à l'hôpital, où je dus passer quatre mois, au
bout desquels je sortis avec un respirateur que
j'utilisais la nuit. Mon médecin annonça à
Elaine que je rentrais à la maison pour mourir

(depuis, j'ai changé de médecin). Il y a deux ans, je me suis mis à utiliser l'appareil vingt-quatre heures sur vingt-quatre. Je crois que cela me donne plus d'énergie.

Un an après, je fus enrôlé pour participer à la campagne de collecte de fonds organisée par l'université dans le cadre de son huit centième anniversaire. Je fus envoyé à San Francisco, où je donnai cinq conférences en six jours, ce qui me fatigua beaucoup. Un matin, alors qu'on retirait le respirateur, je m'évanouis. L'infirmière de service crut que tout allait bien, mais je serais mort si une autre n'avait pas appelé ma femme, qui m'a ressuscité. Il reste qu'Elaine a fini par être éprouvée par toutes ces crises : nous avons divorcé en 2007, et depuis je vis seul avec une gouvernante.

CHAPITRE 10

Une brève histoire du temps

C'est en 1982 que j'eus pour la première fois l'idée d'écrire un ouvrage de vulgarisation sur l'Univers. Si mon objectif était en partie de gagner de quoi payer les études de ma fille (en fait, quand le livre fut publié, elle les avait presque terminées), la raison principale était que je voulais expliquer jusqu'où, selon moi, nous étions allés dans notre compréhension de l'Univers : nous étions peut-être sur le point de découvrir une théorie complète qui décrirait l'Univers et tout ce qu'il contient.

M'étant ainsi décidé de consacrer du temps et des efforts à l'écriture d'un livre, je voulais qu'il touche le maximum de lecteurs. Jusque-là, mes ouvrages techniques avaient été publiés par les Presses universitaires de Cambridge. Cet éditeur avait fait du bon travail, mais je ne le croyais pas adapté au marché de masse que je visais. Je contactai donc un agent littéraire, Al Zuckerman, qui m'avait été présenté comme le beau-frère d'un collègue. Je lui remis un brouillon du premier chapitre, en expliquant que je voulais en faire le genre de livre qu'on vend dans les librairies d'aéroport. Il me répondit qu'il n'y avait aucune chance que ce vœu se réalise. Le volume se vendrait peut-être bien auprès des universitaires et des étudiants, mais jamais je ne marcherais sur les plates-bandes d'un auteur de best-sellers comme Jeffrey Archer[9].

Je confiai à Zuckerman un premier jet en 1984. Il l'envoya à plusieurs éditeurs et me recommanda d'accepter l'offre de Norton, firme américaine assez haut de gamme. Pourtant, je préférai celle de Bantam Books, éditeur plus orienté vers le marché populaire. Bantam n'était pas spécialisé dans les ouvrages scientifiques, mais ses livres étaient largement disponibles dans les librairies d'aéroport.

L'intérêt de Bantam pour mon livre tenait probablement à un de ses éditeurs, Peter Guzzardi. Ce dernier prenait son travail très au sérieux et me fit réécrire mon texte afin de le rendre compréhensible pour des profanes comme lui. Chaque fois que je lui envoyais un chapitre révisé, il m'adressait une longue liste d'objections et de points que je devais éclaircir. Je croyais parfois que nous n'en finirions jamais. Mais il avait raison : grâce à ce processus, le livre est devenu bien meilleur.

Sa rédaction fut interrompue par la pneumonie que j'attrapai au CERN. Jamais je n'aurais pu en venir à bout sans le logiciel qu'on m'offrit alors. Il était un peu lent, mais comme je pense lentement, il me convenait très bien. Avec ce programme, je réécrivis presque entièrement

Une des premières couvertures
d'*Une brève histoire du temps*

mon premier jet en réponse aux instances de
Guzzardi, et fus aidé dans ce travail de révision
par un des mes étudiants, Brian Whitt.

J'avais été très impressionné par la série télé-
visée de Jacob Bronowski, *La Marche de
l'homme* (un titre aussi sexiste ne serait plus
autorisé aujourd'hui). Elle donnait un aperçu
du progrès de l'humanité, depuis le sauvage pri-
mitif d'il y a quinze mille ans jusqu'à notre

condition actuelle. C'était une vision comparable que je voulais proposer, celle de notre progression vers une compréhension complète des lois qui gouvernent l'Univers. J'étais sûr d'une chose : presque tout le monde s'intéresse au fonctionnement de l'Univers, mais la plupart des gens ne peuvent pas suivre les équations mathématiques. Moi-même, je n'aime pas trop les équations, en partie parce que j'ai du mal à les écrire, mais surtout parce qu'elles ne me viennent pas instinctivement. Je pense plutôt en termes visuels, et mon but à travers ce livre était de décrire ces images mentales avec des mots, à l'aide d'analogies familières et de quelques schémas. De la sorte, j'espérais être capable de faire partager à tous ou presque l'enthousiasme et le sentiment de réussite que m'inspiraient les remarquables progrès accomplis en physique au cours des cinquante dernières années.

Pourtant, même si j'évitais les formules mathématiques, certaines idées restaient difficiles à exposer. Cela posait un problème : devais-je néanmoins tenter de les expliquer, au risque d'ajouter à la confusion de mes lecteurs, ou fallait-il les éluder ? Pour le tableau que je voulais brosser, je pouvais me passer de certains concepts mal connus du public, comme le fait que la durée séparant deux événements n'est pas la même pour des observateurs se déplaçant à des vitesses différentes. Il suffirait de les mentionner sans entrer dans les détails. Mais d'autres idées complexes étaient essentielles pour ce que je voulais transmettre.

Il y avait en particulier deux concepts que je me sentais obligé d'inclure. L'un était ce qu'on appelle la « somme des histoires possibles ». C'est l'idée qu'il n'y a pas seulement une histoire de l'Univers. Il existe plutôt toute une série d'histoires possibles, et toutes sont également vraies (peu importe ce que cela signifie). L'autre idée, nécessaire pour donner un sens mathématique à la somme des histoires, est celle d'un temps imaginaire. Rétrospectivement, je pense que j'aurais pu me donner plus de mal pour expliquer ces deux concepts très ardus, surtout celui de temps imaginaire – apparemment, c'est celui qui donne le plus de fil à retordre à mes lecteurs. Néanmoins, il n'est pas indispensable de comprendre ce qu'est le temps imaginaire, mais simplement de savoir qu'il est différent de ce qu'on appelle le temps réel.

*
*   *

Alors que la date de publication approchait, un scientifique à qui l'on avait envoyé un exemplaire du texte pour qu'il en rédige un compte rendu dans le magazine *Nature* fut horrifié de constater qu'il était truffé d'erreurs, avec des photos et des schémas mal placés et mal légendés. Il appela Bantam, qui fut tout aussi horrifié et décida le jour même de mettre tout le tirage au pilon (les exemplaires de cette première édition doivent être devenus très précieux). Bantam passa trois semaines à corriger et vérifier tout le livre, qui fut prêt à temps pour être dans les librairies à la date prévue, le 1er avril. Le magazine *Time* m'avait même consacré un grand article.

Malgré tout, Bantam fut surpris par l'engouement dont mon livre fut l'objet. Il resta pendant 147 semaines sur la liste des meilleures ventes du *New York Times*, et pendant 237 semaines sur celle du *Times* de Londres, battant ainsi tous les records. Il a été traduit en 40 langues et il s'en est vendu plus de 10 millions d'exemplaires à travers le monde.

Mon titre initial était *Du Big Bang aux trous noirs : une courte histoire du temps*, mais Guzzardi le renversa et transforma *courte* en *brève*. Ce fut un coup de génie qui contribua sans doute au succès du livre. Depuis, il s'est écrit de nombreuses « brèves histoires » de ceci et de cela, et même *Une brève histoire du thym*. L'imitation est la forme la plus sincère de la flatterie.

Pourquoi tant de gens l'ont-ils acheté ? J'ai du mal à être sûr de mon objectivité, donc je me fierai à ce que les autres en ont dit. La plupart des comptes rendus parus dans la presse, bien que favorables, ne m'ont pas semblé très éclairants. Ils avaient tous tendance à suivre la même formule : *Stephen Hawking est atteint de la maladie de Charcot* (ou *de sclérose latérale amyotrophique*). *Il vit dans un fauteuil roulant, est incapable de parler, et ne peut bouger que X doigts* (X variant de 1 à 3, selon l'article inexact que le journaliste avait lu à mon sujet). *Pourtant, il a écrit ce livre consacré à la plus grande question qui soit : d'où venons-nous et où allons-nous ? Selon la réponse de Hawking, l'Univers n'est ni créé ni détruit : il est, tout simplement. Pour formuler cette idée, Hawking utilise le concept de temps imaginaire, que je* (c'est-à-dire le journaliste) *trouve un peu difficile à suivre. Pourtant, si Hawking a raison et si nous découvrons bien un jour une théorie complète et unifiée, nous connaîtrons vraiment la pensée de Dieu* (en relisant les épreuves, j'avais failli supprimer la dernière phrase du livre, où j'indiquais que nous connaîtrions un jour la pensée de Dieu. Si je l'avais fait, j'aurais peut-être réduit les ventes de moitié).

Plus perspicace me parut l'article publié dans *The Independent*, selon lequel même un ouvrage scientifique sérieux comme *Une brève histoire du temps* pouvait devenir un livre culte. Je fus assez flatté que mon livre soit comparé au *Traité du zen et de l'entretien des motocyclettes*[10]. J'espère que, comme le *Traité*, il montre aux gens qu'ils n'ont pas à se sentir exclus des grandes questions intellectuelles et philosophiques.

Indubitablement, le fait que j'aie pu me consacrer à la physique théorique malgré mon handicap suscitait un intérêt des plus humains qui a contribué au succès du livre. Mais ceux qui l'achetaient à cause de cet intérêt ont dû être déçus, car il ne contient que quelques allusions à mon état. Le livre était censé être une histoire de l'Univers, pas de moi. Cela n'empêcha pas certains d'accuser Bantam d'exploiter honteusement ma maladie, ou de m'accuser de m'être prêté à cette exploitation en autorisant que ma photo figure en couverture. En fait, mon contrat ne m'accordait aucun droit sur la couverture. Je réussis néanmoins à convaincre l'éditeur d'utiliser pour l'édition anglaise un portrait meilleur que la vieille photo lamentable choisie pour l'édition américaine. Bantam refuse cependant de changer la couverture américaine, parce que le public américain identifie désormais le livre à cette photo.

On a aussi suggéré que beaucoup de gens avaient acheté le livre pour le mettre en évidence dans leur bibliothèque ou sur leur table basse, sans l'avoir vraiment lu. Je suis certain que cela arrive, mais je ne crois pas que cela soit davantage le cas que pour la plupart des livres sérieux. Je sais que certaines personnes au moins ont dû essayer de le lire, car je reçois chaque jour une pile de lettres relatives à ce livre. Nombre de ces courriers me posent des questions ou formulent des commentaires détaillés qui indiquent que le livre a été lu, à défaut d'être intégralement compris. Dans la rue, des inconnus m'arrêtent pour me dire combien ce livre leur a plu. La fréquence avec laquelle je reçois ces félicitations publiques (même si je suis le plus reconnaissable des auteurs, à défaut d'être le plus reconnu) semble indiquer qu'au moins une partie des acheteurs de mon livre l'ont réellement lu.

Depuis *Une brève histoire du temps*, j'ai écrit d'autres livres afin d'expliquer la science au grand public : *Trous noirs et bébés univers*, *L'Univers dans une coquille de noix* et *Y a-t-il un grand architecte dans l'Univers ?* Il me semble important que les gens disposent d'une compréhension basique de la science, afin de pouvoir prendre des décisions informées dans un monde de plus en plus scientifique et technique. C'est ainsi que, ma fille Lucy et moi, nous avons aussi écrit la série des *George*, récits d'aventures scientifiques destinés aux enfants, les adultes de demain.

CHAPITRE 11

Voyage dans le temps

En 1990, Kip Thorne suggéra qu'il serait possible de voyager dans le passé en passant par les « trous de ver ». Je pensai donc qu'il pourrait être intéressant de déterminer si les lois de la physique autorisent les voyages dans le temps.

Parler de voyage dans le temps est délicat pour plusieurs raisons. Si la presse apprenait que le gouvernement finance la recherche sur le voyage dans le temps, elle en ferait tout un scandale, voyant là un gaspillage de l'argent public, ou exigerait que ces recherches soient classées secret défense. Après tout, comment pourrions-nous nous protéger si les Russes ou les Chinois pouvaient voyager dans le temps et pas nous ? Ils pourraient faire revenir les camarades Staline et Mao. Parmi les physiciens, seuls quelques-uns sont assez téméraires pour travailler sur un sujet que certains jugent absurde et politiquement incorrect. C'est pourquoi nous dissimulons notre intérêt derrière des termes techniques tels que « historiques de particules fermés », nom de code du voyage dans le temps.

*
* *

La première description scientifique du temps fut proposée en 1689 par Sir Isaac Newton, titulaire à Cambridge de la chaire lucasienne que j'ai occupée (chaire qui, à son époque, n'avait rien d'un fauteuil électrique). Selon la théorie de Newton, le temps était absolu et avançait inexorablement. Ainsi n'y avait-il pas moyen de revenir en arrière, vers quelque époque antérieure. La situation changea cependant quand Einstein formula sa théorie générale de la relativité, dans laquelle l'espace-temps était courbé et déformé par la matière et l'énergie présentes dans l'Univers. Le temps avançait encore localement, mais il était maintenant possible que l'espace-temps soit tordu au point qu'on puisse avancer sur un chemin qui nous ramènerait à notre point de départ avant même d'avoir démarré.

Une possibilité de voyager dans le passé consistait à emprunter les trous de ver, ces tunnels hypothétiques de l'espace-temps qui pourraient relier différentes régions de l'espace et du temps. Vous entrez à un bout du tunnel et vous sortez à l'autre bout dans un endroit différent, à une époque différente. S'ils existent, les trous de ver seraient de ce fait le moyen idéal pour voyager rapidement dans le temps. On pourrait passer par un de ces tunnels pour atteindre l'autre bout de la galaxie et être rentré à temps pour dîner. Toutefois, on peut prouver que si les trous de ver existent, il est aussi possible de les utiliser pour revenir avant d'être parti. C'est ainsi qu'on pourrait imaginer de faire exploser son vaisseau spatial sur sa rampe de lancement, afin de ne jamais avoir décollé originellement. Voilà une variante du fameux paradoxe du grand-père : que se passe-t-il si vous remontez dans le temps et que vous tuiez votre grand-père avant que votre père ait été conçu ? Existeriez-vous alors dans le présent ? Si vous n'existiez pas aujourd'hui, vous ne pourriez pas retourner dans le passé pour tuer votre grand-père. Bien sûr, c'est un paradoxe uniquement si vous pensez avoir le libre arbitre de faire ce qui vous plaît et de changer le cours de l'histoire quand vous remontez le temps.

Reste la vraie question : les lois de la physique permettent-elles aux trous de ver et à l'espace-temps d'être si tordus qu'un corps macroscopique comme un vaisseau spatial peut revenir sur son propre passé ? Selon la théorie d'Einstein, un vaisseau spatial se déplace nécessairement moins vite que la vitesse de la lumière localement, et suit ce qu'on appelle une « trajectoire de type temps » à travers l'espace-temps. On peut donc formuler la question en termes techniques : l'espace-temps admet-il des courbes de type temps qui soient fermées, c'est-à-dire des courbes temporelles qui reviennent sans cesse à leur point de départ ?

Il y a trois niveaux de réponse envisageables à une telle question. Le premier est la théorie générale de la relativité selon Einstein, qu'on appelle théorie classique. Elle part du principe que l'Univers a une histoire bien définie, sans la moindre incertitude. Pour la relativité générale classique, nous avons une image assez complète de ce que pourrait être le voyage dans le temps. Nous savons cependant que la théorie classique ne peut pas être tout à fait juste, car nous observons que dans l'Univers la matière est soumise à des fluctuations, et que son comportement ne peut être prévu de façon précise.

Dans les années 1920, un nouveau paradigme appelé théorie des quanta fut élaboré pour décrire ces fluctuations et quantifier l'incertitude. C'est ainsi qu'apparut le deuxième niveau de réponse, celui de la théorie semi-classique. On considère les champs quantiques de matière avec pour toile de fond l'espace-temps classique. Le tableau est moins complet, mais au moins nous avons une idée de la façon de procéder.

Enfin, il y a la théorie purement quantique de la gravité, quelle qu'elle soit. Ici, on ne sait même pas trop comment poser la question « Voyager dans le temps est-il possible ? ». Le mieux qu'on puisse faire est peut-être de demander comment des observateurs à l'infini interpréteraient leurs mesures. Penseraient-ils que le voyage dans le temps a pris place à l'intérieur de l'espace-temps ?

*
*   *

Revenons maintenant à la théorie classique : elle indique qu'un espace-temps plat ne contient aucune courbe fermée de type temps, pas plus que les autres solutions des équations d'Einstein connues depuis longtemps. Ce fut donc un grand choc pour Einstein lorsqu'en 1949 Kurt Gödel découvrit une solution qui représentait un Univers empli de matière en rotation, avec partout des courbes fermées de type temps. La solution de Gödel exigeait une constante cosmologique, dont on sait qu'elle existe, mais on découvrit ensuite d'autres solutions qui s'en dispensaient.

Voici un cas particulièrement intéressant pour illustrer cette idée : c'est celui de deux cordes cosmiques se déplaçant à grande vitesse l'une par rapport à l'autre. Comme leur nom l'indique, les cordes cosmiques sont des entités dotées d'une certaine longueur mais d'une section minuscule. Certaines théories des particules élémentaires prévoient leur existence. Le champ gravitationnel d'une seule corde cosmique est l'espace plat dont un angle a été retranché, avec la corde à son sommet. Ainsi, si l'on parcourt un cercle autour de la corde cosmique, la distance dans l'espace est inférieure à ce qu'on attendrait, mais le temps n'est pas affecté. Cela signifie que l'espace-temps autour d'une corde cosmique ne contient aucune courbe fermée de type temps.

En revanche, qu'une seconde corde cosmique se déplace par rapport à la première, et l'angle qui a été retranché pour elle raccourcira à la fois les distances spatiales et les intervalles temporels. Si les cordes cosmiques se déplacent l'une par rapport à l'autre à une vitesse proche de celle de la lumière, le gain de temps quand on parcourt un cercle autour des deux cordes peut être tel qu'on arrive avant d'être parti. Autrement dit, il existe des courbes fermées de type temps qu'on peut suivre pour remonter dans le passé.

L'espace-temps de la corde cosmique contient de la matière dotée d'une densité d'énergie positive, et reste donc raisonnable physiquement. Pourtant, la distorsion qui engendre les courbes de type temps fermées s'étend dans l'avenir jusqu'à l'infini aussi bien que vers le passé infini. Ces espaces-temps contiennent donc dès l'origine cette possibilité de voyager dans le temps. Il reste que nous n'avons aucune raison de penser que notre propre Univers a été créé avec une distorsion semblable, et nous n'avons aucune preuve fiable d'avoir reçu la visite de voyageurs venus de l'avenir (sauf si l'on adhère à la théorie du complot selon laquelle les OVNI viennent du futur, ce que le gouvernement sait et cherche à dissimuler. Mais l'histoire montre que les gouvernements ne sont pas si habiles à dissimuler les choses). Il faut donc supposer qu'il n'existe pas de courbes de type temps ramenant au passé d'une surface S de temps constant.

Une civilisation avancée parviendrait-elle à construire une machine à remonter le temps, pourrait-on dès lors se demander ? Serait-elle capable de modifier l'espace-temps vers l'avenir de S, afin que des courbes de type temps fermées apparaissent dans une zone finie ? Je dis « zone finie » parce que, si avancée que soit la civilisation, elle ne pourrait sans doute contrôler qu'une partie finie de l'Univers.

En science, il suffit souvent de bien formuler un problème pour le résoudre : en voici un bon exemple. Pour définir ce qu'on entendait par machine à remonter le temps finie, je suis revenu à certains de mes premiers travaux. J'ai défini le futur développement de Cauchy de S comme l'ensemble de points de l'espace-temps où les événements sont entièrement déterminés par ce qui s'est produit sur S. En d'autres termes, c'est la zone de l'espace-temps où chaque trajectoire possible qui se déplace moins vite que la lumière vient de S. Cependant, si une civilisation avancée réussissait à construire une machine à remonter le temps, il y aurait une courbe de type temps fermée, C, conduisant à l'avenir de S. Ainsi, C tournera en rond dans l'avenir de S, mais ne reviendra pas intersecter S. Cela signifie que les points de C ne se trouveront pas dans le développement de Cauchy de S. De ce fait, S aura un horizon de Cauchy, une surface qui est une limite future du développement de Cauchy de S.

Les horizons de Cauchy se produisent à l'intérieur de certaines solutions de trou noir, ou dans un espace anti-de Sitter. Pourtant, dans ces cas-là, les rayons lumineux qui forment l'horizon de Cauchy partent de l'infini ou des singularités. Pour créer un tel horizon de Cauchy, il faudrait soit déformer tout l'espace-temps jusqu'à l'infini, soit créer une singularité dans l'espace-temps. Théoriquement, déformer tout l'espace-temps jusqu'à l'infini dépasserait les moyens de la civilisation la plus avancée, qui ne pourrait le distordre que dans une zone finie. Une civilisation avancée pourrait réunir assez de matière pour provoquer un effondrement gravitationnel, lequel produirait une singularité de l'espace-temps, du moins selon la relativité générale classique. Mais les équations d'Einstein ne pourraient être définies pour la singularité, de sorte qu'on ne pourrait prédire ce qui se passe au-delà de l'horizon de Cauchy, ni surtout s'il y aurait des courbes de type temps fermées.

Pour une machine à remonter le temps, il faut donc prendre comme critère ce que j'appelle un horizon de Cauchy finiment engendré. C'est un horizon de Cauchy engendré par des rayons lumineux qui émergent tous d'une région compacte. Autrement dit, ils ne viennent pas de l'infini ou d'une singularité, mais d'une zone finie contenant des courbes de type temps fermées, le genre de zone que pourrait créer une civilisation avancée selon notre hypothèse.

L'avantage, si l'on adopte cette définition pour une machine à remonter le temps, c'est que l'on peut utiliser le mécanisme de la structure causale que j'ai élaboré avec Roger Penrose pour étudier les singularités et les trous noirs. Même sans utiliser les équations d'Einstein, j'ai pu montrer qu'en général un horizon de Cauchy finiment engendré contient un rayon lumineux fermé, ou un rayon lumineux qui revient constamment au même point. De plus,

Avec Roger Penrose (au centre de la rangée du haut) et Kip
Thorne (à l'extrême gauche de la rangée du bas), entre autres
(*ci-dessus*). Avec Roger et sa femme, Vanessa (*ci-dessous*)

chaque fois que la lumière revient, elle subit un décalage vers le bleu, si bien que les images deviennent de plus en plus bleues. Les rayons lumineux peuvent être suffisamment défocalisés chaque fois pour que l'énergie de la lumière ne s'accumule pas au point de devenir infinie. Pourtant, le décalage vers le bleu signifie qu'une particule de lumière n'aura qu'une histoire finie, définie par sa propre mesure du temps, même si elle continue à tourner dans une région finie, sans rencontrer de singularité de courbure.

Qu'importe, après tout, qu'une particule de lumière complète son histoire en un temps fini ? Mais j'ai aussi pu prouver qu'il y aurait des trajectoires se déplaçant moins vite que la lumière et d'une durée exclusivement finie. Ce pourrait être les histoires d'observateurs piégés dans une région finie devant l'horizon de Cauchy, qui tourneraient de plus en plus vite jusqu'à atteindre la vitesse de la lumière en un temps fini.

Donc, si un ou une belle extraterrestre en soucoupe volante vous invite à bord de sa machine à remonter le temps, soyez prudent. Vous risquez de tomber dans l'une de ces histoires répétitives à la durée exclusivement finie.

*
*   *

Comme je l'ai précisé, ces résultats ne dépendent pas des équations d'Einstein, mais seulement de la distorsion que devrait subir l'espace-temps pour produire des courbes de type temps fermées dans une zone finie. Pourtant, nous pouvons maintenant poser la question : de quel genre de matière une civilisation avancée aurait-elle besoin pour déformer l'espace-temps afin de construire une machine à remonter le temps de taille finie ? Peut-elle avoir une densité d'énergie qui soit positive partout, comme dans l'espace-temps de la corde cosmique ? On pourrait imaginer envisageable de construire une machine à remonter le temps finie en se servant de boucles finies de corde cosmique, avec une densité d'énergie qui soit positive partout. Je regrette vraiment de décevoir les gens qui voudraient remonter dans le temps, mais cela ne peut pas se faire avec une densité d'énergie positive partout. J'ai prouvé en effet que, pour construire une machine à remonter le temps finie, il faut de l'énergie négative.

Dans la théorie classique, tous les champs physiquement raisonnables obéissent à la condition d'énergie faible, qui dit que la densité d'énergie est supérieure ou égale à zéro quel que soit l'observateur. Les machines à remonter le temps de taille finie sont donc exclues dans la théorie purement classique. Toutefois, la situation est différente dans la théorie semi-classique, où l'on envisage des champs quantiques avec comme toile de fond un espace-temps classique. Le principe d'incertitude de la théorie des quanta signifie que les champs fluctuent constamment, même dans l'espace apparemment vide. Ces fluctuations quantiques rendent infinie la densité d'énergie. Il faut donc soustraire une quantité infinie pour obtenir la densité d'énergie finie qu'on observe : autrement, la densité d'énergie courberait l'espace-temps jusqu'à ce qu'il ne forme plus qu'un point. Du fait de cette soustraction, la valeur attendue de l'énergie peut donc devenir négative, au moins localement. Même dans un espace plat, il est en définitive possible de trouver des états quantiques où la valeur attendue de la densité d'énergie est localement négative, même si l'énergie totale intégrée est positive.

On pourrait se demander si ces valeurs attendues négatives entraînent bel et bien la distorsion adéquate de l'espace-temps. En fait, cela semble devoir être le cas. Le principe d'incertitude de la théorie quantique permet aux particules et au rayonnement de s'échapper d'un trou noir, lequel perd alors de la masse et s'évapore lentement. Pour que l'horizon du trou noir diminue en taille, la densité d'énergie à l'horizon doit être négative et distorde l'espace-temps afin que les rayons lumineux divergent entre eux. Si la densité d'énergie était toujours positive et déformait l'espace-temps au point de courber lesdits rayons les uns vers les autres, l'aire de l'horizon d'un trou noir ne pourrait qu'augmenter avec le temps.

Ainsi, l'évaporation des trous noirs montre que le tenseur énergie-impulsion quantique de la matière est parfois à même de déformer l'espace-temps dans la direction nécessaire pour construire une machine à remonter le temps. En conséquence, si nous laissons notre esprit vagabonder, une civilisation très avancée pourrait faire en sorte que la valeur attendue de la densité d'énergie soit suffisamment négative pour former une machine à remonter le temps exploitable par des objets macroscopiques.

Mais il existe une différence importante entre l'horizon d'un trou noir et l'horizon dans une machine à remonter le temps, qui contient des rayons lumineux fermés qui tournent sans cesse. Cela rendrait infinie la densité d'énergie, si bien qu'une personne ou un vaisseau spatial qui tenterait de franchir l'horizon pour entrer dans la machine à remonter le temps pourraient être anéantis par une bouffée de rayonnement. Peut-être la nature nous dissuade-t-elle ainsi de nous immiscer dans le passé.

L'avenir paraît donc noir pour les voyages dans le temps, ou bien devrais-je plutôt dire d'une blancheur aveuglante ? La valeur attendue du tenseur d'énergie-impulsion dépend toutefois de l'état quantique des champs sur l'espace-temps en toile de fond. On pourrait conjecturer l'existence d'états quantiques où la densité d'énergie est finie à l'horizon, et il y a des exemples où c'est effectivement le cas. Comment parvenir à un tel état quantique ? Serait-il stable vis-à-vis des objets franchissant l'horizon ? Nous l'ignorons. Mais une civilisation avancée en serait peut-être capable.

Dans tous les cas, c'est une question que les physiciens devraient être libres d'évoquer sans s'exposer à la moquerie ou au mépris. Même si se confirme l'impossibilité de voyager dans le temps, il est important de comprendre *pourquoi* il en est ainsi.

Nous ne savons pas grand-chose sur la théorie de la gravité dans sa version pleinement quantique. On peut néanmoins s'attendre à ce qu'elle diffère de la théorie semi-classique uniquement à l'échelle de Planck, soit un centimètre divisé par un million de milliards de milliards de milliards. Les fluctuations quantiques à l'arrière-plan de l'espace-temps pourraient bien créer des trous de ver et permettre le voyage dans le temps à une échelle microscopique, mais selon la théorie générale de la relativité, les corps macroscopiques ne peuvent pas remonter vers leur passé.

Même si une théorie différente est un jour découverte, je ne pense pas qu'on parviendra jamais à voyager dans le temps. Si c'était possible, nous serions déjà envahis de touristes venus de l'avenir.

CHAPITRE 12

Le temps imaginaire

À l'époque où j'étais au Caltech, nous fîmes un séjour à Santa Barbara, qui se trouve à deux heures de route seulement sur la côte. Avec mon ami et collaborateur Jim Hartle, j'y ai travaillé sur une nouvelle manière de calculer comment les particules sont émises par un trou noir, en sommant toutes les trajectoires possibles selon lesquelles une particule peut s'échapper du trou. Nous avons ainsi découvert que la probabilité qu'une particule soit émise par un trou noir était liée à la probabilité qu'elle tombe dans ce trou, de la même façon que les probabilités d'émission et d'absorption sont liées pour un corps chaud. Là encore, cela montrait que les trous noirs se comportent comme s'ils avaient une température et une entropie proportionnelles à leur aire d'horizon.

Notre calcul utilisait le concept de temps imaginaire, qu'on peut envisager comme une direction du temps perpendiculaire au temps réel ordinaire. De retour à Cambridge, j'ai approfondi cette idée avec deux de mes anciens doctorants, Gary Gibbons et Malcolm Perry. Pour cela, nous avons remplacé le temps ordinaire par le temps imaginaire : c'est ce qu'on appelle l'approche euclidienne, puisqu'elle fait du temps une quatrième dimension de l'espace. Cette idée s'est d'abord heurtée à de grandes résistances, mais elle est aujourd'hui généralement acceptée comme le meilleur moyen d'étudier la gravité quantique. L'espace euclidien du temps d'un trou noir est lisse et ne contient aucune singularité où les équations de la physique échoueraient. Cela résolvait le problème fondamental que nous avions soulevé, Penrose et moi, avec les théorèmes sur la singularité : la prévisibilité échouerait à cause sur la singularité. Grâce à l'approche euclidienne, nous avons pu comprendre les raisons profondes pour lesquelles les trous noirs se comportaient comme des corps chauds et avaient une entropie. Avec Gary, j'ai aussi montré qu'un univers en expansion à un rythme en augmentation permanente se comporterait comme s'il avait une température effective, comparable à celle d'un trou noir. À l'époque, nous pensions que cette température ne pourrait jamais être observée, mais quatorze ans après, sa signification devint claire.

*

*　*

J'avais surtout travaillé sur les trous noirs, mais mon intérêt pour la cosmologie fut renouvelé par l'idée qu'à ses débuts l'Univers avait traversé une

Avec Don Page (à l'extrême gauche, rangée du haut), Kip Thorne (troisième en partant de la gauche, rangée du bas) et Jim Hartle (à l'extrême droite, rangée du bas), entre autres

période d'expansion inflationnaire. Sa taille devait avoir augmenté à un rythme toujours plus rapide, exactement comme les prix dans les magasins. En 1982, grâce aux méthodes euclidiennes, j'ai montré qu'un tel univers deviendrait légèrement non uniforme. Des résultats semblables furent obtenus vers la même époque par le savant russe Viatcheslav Moukhanov, mais l'Occident ne l'apprit que plus tard.

Ces non-uniformités peuvent être considérées comme le fruit de fluctuations thermiques dues à la température effective d'un univers inflationnaire que nous avions découvertes huit ans auparavant, Gary Gibbons et moi. Plusieurs personnes formulèrent par la suite des prédictions similaires. J'ai dirigé à Cambridge un atelier auquel participèrent tous les acteurs majeurs dans ce domaine, et il y fut établi l'essentiel de notre image actuelle de l'inflation, incluant ces fluctuations de densité cruciales à l'origine de la formation des galaxies, et donc de notre existence.

Tout cela se déroulait dix ans avant que le satellite COBE (pour *Cosmic Background Explorer*) enregistre les différences qui apparaissaient dans le fond diffus cosmologique en fonction de la direction d'observation, différences issues des fluctuations de densité. Ainsi, une fois de plus dans l'étude de la gravité, la théorie était en avance sur l'expérience. Ces fluctuations ont ensuite été confirmées par la sonde WMAP (pour *Wilkinson Microwave Anisotropy Probe*) et par le satellite *Planck* : elles correspondaient exactement à nos prévisions.

*
* *

Selon le scénario initial de l'inflation, l'Univers avait commencé par une singularité de type Big Bang. Au fur et à mesure de son expansion, l'Univers était censé entrer dans un état inflationnaire. Cette explication me paraissait néanmoins insatisfaisante, puisque toutes les équations ne sont pas définies au point de singularité, comme on l'a vu plus haut. Mais tant qu'on ne saurait pas ce qui était sorti de la singularité initiale, on ne pourrait pas calculer le développement de l'Univers. La cosmologie n'aurait aucun pouvoir prédictif. Ce qu'il fallait, c'était un espace-temps dépourvu de singularité, comme dans la version euclidienne d'un trou noir.

*
*   *

Après l'atelier à Cambridge, j'ai passé l'été à l'Institute for Theoretical Physics de Santa Barbara, qui venait d'être créé. J'en ai profité pour discuter avec Jim Hartle de la façon d'appliquer l'approche euclidienne à la cosmologie. Selon cette approche, le comportement quantique de l'Univers est donné par une somme de Feynman sur une certaine classe d'histoires possibles dans le temps imaginaire. Parce que celui-ci se comporte comme une autre dimension dans l'espace, les historiques dans le temps imaginaire peuvent être des surfaces fermées, comme la surface de la Terre, sans commencement ni fin.

Avec Jim, nous avons décidé que c'était le choix de classe le plus naturel, peut-être même le seul choix naturel. Nous avons formulé la proposition « sans bord » : la condition aux limites de l'Univers est d'être fermé sans bord. Selon cette proposition, le commencement de l'Univers s'apparentait au pôle Sud de la Terre, les degrés de latitude jouant le rôle du temps imaginaire. L'Univers commencerait comme un point au pôle Sud. À mesure que l'on se déplace vers le nord, les cercles de latitude constante, représentant la taille de l'Univers, s'élargissent. Demander ce qui s'est passé avant le début de l'Univers devient naturellement une question dénuée de sens, puisqu'il n'y a rien au sud du pôle Sud.

Mesuré en degrés de latitude, le temps aurait son commencement au pôle Sud, qui ressemble cependant beaucoup à n'importe quel autre point du globe. Les mêmes lois de la nature valent au pôle Sud comme ailleurs. Ainsi tombe à plat l'objection séculaire envers l'idée d'un commencement de l'Univers, un lieu où les lois usuelles ne seraient plus en vigueur. Le commencement de l'Univers serait tout simplement gouverné par les lois de la science. Nous avions contourné la difficulté scientifique et philosophique d'un temps ayant un commencement en le transformant en une dimension de l'espace.

La condition aux limites sans bord implique que l'Univers ait été créé spontanément à partir de rien. On crut d'abord que cette proposition ne prévoyait pas un niveau suffisamment élevé d'inflation, mais j'ai ensuite compris que la probabilité d'une configuration donnée de l'Univers doit être pondérée par le volume de la configuration. Récemment, avec Jim Hartle et Thomas Hertog (un autre ancien thésard), j'ai découvert qu'il existe une dualité entre les univers en expansion et les espaces à courbure négative. Cela nous permet de formuler la proposition sans bord d'une manière nouvelle, et d'exploiter l'importante machinerie technique qui a été élaborée pour de tels espaces. La proposition sans bord prévoit que l'Univers se présente complètement lisse à ses débuts, mais avec de minuscules écueils. Ces écueils grandissent conjointement avec l'expansion de l'Univers et conduisent à la formation de galaxies, d'étoiles, et de toutes les autres structures de l'Univers, sans oublier les êtres vivants. La condition sans bord est la clef de la création, la raison pour laquelle nous sommes ici.

CHAPITRE 13

Sans limites

Quand j'ai contracté la maladie de Charcot ou SLA à vingt et un ans, j'ai trouvé cela très injuste. Pourquoi moi ? À l'époque, je croyais que ma vie était finie et que je ne pourrais jamais exploiter tout le potentiel que je pensais avoir en moi. Mais maintenant, cinquante ans après, je peux être satisfait de ma vie. J'ai été marié deux fois et j'ai trois beaux enfants épanouis. J'ai rencontré un certain succès dans ma carrière scientifique : la plupart des spécialistes de physique théorique ont admis, me semble-t-il, l'émission quantique des trous noirs que j'ai décrite – même si cela ne m'a pas encore valu de prix Nobel, parce que c'est très difficile à vérifier de manière expérimentale. D'un autre côté, j'ai remporté le prix de physique fondamentale, plus précieux encore, récompensant l'importance théorique de la découverte même si elle n'a pas été confirmée par l'expérience.

Mon handicap n'a jamais été un obstacle sérieux pour mon travail scientifique. En fait, d'une certaine façon, on pourrait même dire que ce fut un atout : je n'ai pas eu à donner de cours à des étudiants de première année, je n'ai pas eu à participer à des réunions ennuyeuses et chronophages. J'ai donc pu me consacrer entièrement à la recherche.

Pour mes collègues, je suis un physicien comme les autres, mais pour le grand public, je suis peut-être devenu le scientifique le plus connu au monde. Cela vient en partie de ce que les savants, à l'exception d'Einstein, ne sont pas des rock stars mondialement connues, et en partie de ce que je colle au stéréotype du génie au corps difforme. Impossible de me déguiser avec une perruque et des lunettes noires : le fauteuil roulant me trahit tout de suite.

Être connu et reconnaissable a ses avantages et ses inconvénients. Parmi les inconvénients, il peut être difficile d'accomplir des actes très simples comme faire ses courses, sans être assiégé par des gens en quête d'un autographe ; par le passé, la presse a en outre manifesté un intérêt malsain pour ma vie privée. Mais les avantages l'emportent largement. Les gens semblent réellement heureux de me voir. En témoigne l'audience colossale que j'ai eue lorsqu'on m'a demandé d'ouvrir les Jeux paralympiques de Londres en 2012.

Au fond, j'aurai eu une belle vie. Je crois que les personnes handicapées devraient se concentrer sur les choses que leur handicap ne les empêche pas de faire, sans regretter ce dont elles sont incapables. Dans mon cas, j'ai réussi à faire la plupart des choses que je souhaitais. J'ai beaucoup voyagé. Je suis allé sept fois en Union

À la cérémonie d'ouverture
des Jeux paralympiques de 2012

soviétique. La première fois, c'était avec un groupe d'étudiants dont l'un des membres, de religion baptiste, nous demanda de faire passer en contrebande des bibles en russe qu'il voulait distribuer. Nous avons réussi à franchir la douane, mais à la sortie, les autorités ont découvert notre forfait et nous ont retenus un moment. Nous accuser d'introduire des bibles en contrebande aurait causé un incident international et une publicité franchement défavorable, si bien que nous avons été relâchés au bout de quelques heures. Les six autres fois, j'ai rendu visite à des scientifiques russes qui n'avaient alors pas le droit de venir en Occident. Après la chute de l'URSS en 1990, beaucoup des meilleurs savants sont partis pour l'Occident, et je ne suis donc plus retourné en Russie.

Devant le temple du Ciel, à Pékin

Ma rencontre avec la reine Elisabeth II,
en compagnie de ma fille Lucy

Je suis également allé six fois au Japon, trois fois en Chine, et j'ai visité tous les continents, y compris l'Antarctique, à l'exception de l'Australie. J'ai rencontré les présidents sud-coréen, chinois, indien, irlandais, chilien et américain. J'ai donné une conférence dans la Grande Salle du Peuple, à Pékin, et à la Maison Blanche. Je suis allé sous l'eau en sous-marin, dans les airs en dirigeable et lors d'un vol en apesanteur, et j'ai réservé une place pour aller dans l'espace à bord du *Virgin Galactic*.

Mes premiers travaux ont prouvé que la relativité générale classique ne marchait pas pour les singularités du Big Bang et des trous noirs. Par la suite, j'ai montré que la théorie quantique

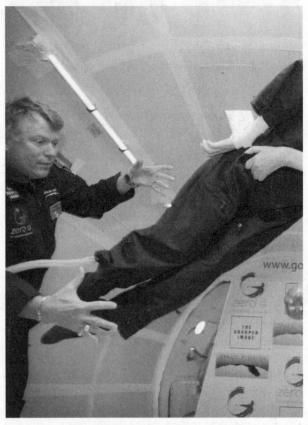

Une expérience de vol en apesanteur

était capable de décrire ce qui se passe au début et à la fin du temps. Quelle expérience formidable cela a été que de vivre et de faire de la recherche en physique théorique ! Je suis heureux si j'ai pu contribuer à notre compréhension de l'Univers.

Crédits photographiques

Avec l'aimable autorisation de Mary Hawking : p. 4, 8, 12, 13, 16, 18, 21, 27, 29 (bas), 37 et 39

Avec l'aimable autorisation de Stephen Hawking : p. 15, 29 (haut), 31, 33 (bas), 53, 71 (haut), 84, 99, 103, 114, 119, 120, 121 et 145 (bas)

National Archives and Records Administration : p. 19

Herts Advertiser : p. 40

Gillman & Soame : p. 45, 46, 48-49, 52

Suzanne McClenahan : p. 65

Lafayette Photography : p. 68

John McClenahan : p. 71 (bas)

Avec l'aimable autorisation des archives du California Institute of Technology : p. 104 et 105

Bernard Carr : p. 145 (haut) et 157

Judith Croasdell : p. 165

Zhang Chao Wu : p. 166

Alpha/Globe Photos, Inc. : p. 167

Steve Boxall : p. 168-169

Notes pour l'édition française

1. La trisomie 21.

2. Les *A-levels* sont l'équivalent britannique du baccalauréat.

3. Découvert par Michael Faraday en 1845, cet effet repose sur l'interaction dans un milieu matériel entre la lumière et un champ magnétique. L'effet Faraday affecte la lumière arrivant sur Terre depuis l'espace et est donc exploité en astronomie.

4. La maladie de Charcot, ou sclérose latérale amyotrophique (SLA), est une affection neurodégénérative grave, dont l'origine est encore mystérieuse.

5. Charles Percy Snow (1905-1980) est un chimiste et romancier britannique, dont les fictions évoquent les rivalités et les luttes de pouvoir dans les universités anglaises.

6. Les ondes gravitationnelles résultent de la propagation de la perturbation de courbure induite par un objet massif accéléré, dans l'espace-temps de la relativité générale. On ne possède que des preuves indirectes de leur existence, prédite peu après l'établissement de la théorie majeure d'Albert Einstein (1915).

7. Le zéro absolu est un état limite de la matière où toute vibration cesse. Il correspond à une température absolue de 0 kelvin, soit − 273,15 °C.

8. *Private eye* est un magazine britannique spécialisé dans la révélation de scandales éclaboussant des personnalités du monde des affaires, de la politique ou des médias.

9. Jeffrey Archer est un homme politique britannique reconverti dans la production de best-sellers (plus de 250 millions d'exemplaires vendus à ce jour).

10. Le *Traité du zen et de l'entretien des motocyclettes* est un roman de Robert Pirsig publié en 1974. Ce best-seller mêle le récit d'un voyage à moto à travers l'Ouest américain et un exposé sur la philosophie zen et présocratique.

Table

10937

Composition
NORD COMPO

Achevé d'imprimer en Italie
par GRAFICA VENETA
le 27 mars 2018

Dépôt légal octobre 2014.
EAN 9782290092712
L21EPLN001646A004

ÉDITIONS J'AI LU
87, quai Panhard-et-Levassor, 75013 Paris

Diffusion France et étranger : Flammarion